文化を越えた協働

グローバル文化学

小林　誠
熊谷圭知 編
三浦　徹

法律文化社

まえがき

　本書は，いま日本の大学でグローバル化について学ぶための書として企画された。
　大学生にとって，グローバル化という言葉は，もはや聞き古されたものとなっている。2011年1月3日の新聞に掲載された「躍進する大学の学長メッセージ」(関東圏私立大学24校)では異口同音といってもよいほどグローバル化に対応した実践的教育の必要を語っている。他方，大学生世代にとって，グローバル化は新しい現象ではなく，すでにあるもの，所与の前提となっている。小中高のころに在外生活経験をもち将来国際的な場で活動したいと考えるひと(特に女性)が確実に増えている。他方，グローバル化があたりまえになっているため，なにが変わったのかということがぼやけ，グローバル化の正体がみえないためにたたずんでいる。あるいは2008年の米国のリーマン・ショックとそれに続く就職難は，「グローバル化に巻き込まれる」という印象を強く与えた。
　本書は，このような21世紀のグローバル化のなかの日本社会に生きる大学生世代に向け，新しい視点を提示する。そこでは，つぎの3つの態度が鍵となる。①価値意識をきちんともち，②既存のディシプリン(学問や知識)をつなぎ合わせ(学際性)，③自ら行動し問題解決をめざす(実践型・問題解決型)ことである。したがって，本書は，グローバル化とはなにかという概説でも，あるいは「グローバル文化学」という新しい学問領域をつくることをめざすものでもなく，グローバル化を多角的な視点から捉え直す知の生成の場を提供することに目的がある。それは，本書の成立ちに関係している。
　2005年にお茶の水女子大学文教育学部に「グローバル文化学環」という教育コースが誕生した。誕生といっても国際学やグローバル学を専門とする独立の学科をつくるのではなく，地域研究，多文化交流，国際協力の3つの分野を柱とし，関連する教員が集まるところに特色がある。英語では，Global Studies for Inter-Cultural Cooperation と名付け，文化の違いをこえて協力・共存して

いくために必要とされる知識と態度を学ぶという方向性を表している。書名である『グローバル文化学——文化を越えた協働』は，以上のようなねらいを表している。本書は，このカリキュラムの授業科目のひとつである「グローバル文化学総論」の講義をもとに企画された。とはいえ本書のねらいから，構成にあたってはより広く企業や地域や学校教育などさまざまな場で「グローバル化」に直面する人々に読んでいただけるように工夫した。

　本書は，3部構成となっている。第Ⅰ部「ナショナルからグローバルへ」は，国境，文化概念，労働に焦点をあて，グローバル化の二面性を照射する。第Ⅱ部「ローカルからグローバルへ」では，マサイの学校教育，コーヒーとタンザニアの村落開発，イスラーム認識，日本という空間に焦点をあて，地域とグローバル化の関係を考察する。第Ⅲ部「グローバル化と私たち」は，現代日本社会におけるグローバル化の身近な受けとめを，メディア，留学生交流，日本語教育に着目して検討する。これら10の章には，用語解説，参考文献，発展学習（推薦図書）を付し，大学などの授業で用いるときの学習の手助けとなるように意図した。序章「グローバル化とは一体何だろうか」と終章「グローバル化は私たちに何を問うているのか」は本書全体をまとめるものである。

　グローバル文化学環創設のときに，アメリカ合衆国の9つの大学のグローバル学のコースを訪問した。いずれのコースも既存のディシプリンの教員を引きはがしてつくった寄り合い所帯であり，何かを創る場であることが魅力となっていた。本書はそのようなサムシングである。

　最後になったが，「グローバル・メディア論」の講義を担当し本書のために特別にご寄稿をいただいた川崎賢一氏（駒澤大学）と本書の出版を快く引き受けてくださり，適切な助言をいただいた法律文化社の小西英央氏に改めてお礼をもうしあげたい。

　　　2011年1月

　　　　　　　　　　　　　　　　　　　　　　　　　　　　　三浦　　徹

目　　次

まえがき

序　章　グローバル化とは一体何だろうか―――――――――――1
1　私たちの生活はすでに (1)　　2　グローバル化は国家を消滅させるのだろうか (2)　　3　グローバル化はいつ始まったのだろうか (4)　　4　グローバル化はあらがうことのできない不可逆の趨勢なのだろうか (6)　　5　グローバル化は私たちに幸福をもたらすのだろうか (8)　　6　グローバル化は私たちをどこへ連れて行くのだろうか (10)

第Ⅰ部　ナショナルからグローバルへ

第1章　国境はどのように作られ，どのように越えられるのだろうか――16
1　パスポートを手に考える (16)　　2　日本の国境の始まり (20)　　3　国境を競り上げる――海は誰のものか (22)　　4　国境を越えた規範の行方 (26)　　5　国境を越えて生きるということ (29)

第2章　「あなたはどこから来たのですか」―――――――――――33
　　　　――グローバル化の文化分析
1　文化とは？ (33)　　2　人類学とカルチュラル・スタディーズの文化概念 (36)　　3　ディアスポラ――文化に起源と領域はあるのか (38)　　4　クレオール――文化の異種混淆と生成 (41)　　5　ポストコロニアル――文化の複層的な時間・空間認識 (44)

第3章　グローバル経済は何をもたらすのか─────────49
　　　1　日常生活の中のグローバル経済（49）　2　グローバル経済とは何か（51）　3　グローバル化のダイナミズムと「東アジアの奇跡」（55）　4　グローバル・シティの隙間からみえるもの（59）

第Ⅱ部　ローカルからグローバルへ

第4章　子どもが学校に行くとはどういうことなのか─────68
　　　──近代教育システムと伝統的社会の位相
　　　1　はじめに（68）　2　ケニアの教育（69）　3　遊牧民とその教育（70）　4　調査地域と「小さい学校」（74）　5　生徒フローダイアグラムの作成（76）　6　2人の女子生徒のこと（80）　7　伝統的社会における近代教育システムの役割（82）

第5章　コーヒーからみえてくるグローバル化とは────────86
　　　──タンザニアのコーヒー生産農民の営み
　　　1　グローバル化とアフリカ（86）　2　グローバル化とコーヒー（88）　3　タンザニア・キリマンジャロ山におけるコーヒー栽培（91）　4　南部高地ムビンガ県におけるコーヒー栽培（94）　5　内部者と外部者との協働（97）　6　おわりに（101）

第6章　イスラーム世界は何を語りかけるか─────────104
　　　1　グローバル化するイスラーム（104）　2　日本のイスラーム認識（107）　3　日本とイスラーム世界の交流（112）　4　地域研究と比較研究（114）　5　グローバル時代のイスラーム世界（117）

第7章　グローバル化の中で日本の空間はどう変わるか─────123
　　　　──ナショナルな排除から開かれたローカルへ
　　1　空間と場所，ナショナルとローカル（123）　2　ナショナルな空間としての日本（124）　3　日本の移民政策と移民（128）　4　多文化主義社会／空間としてのオーストラリアと日本（132）　5　ナショナルな空間からローカルな場所へ（134）　6　開かれた場所・ローカルの構築からインター・ローカルへ（138）

第Ⅲ部　グローバル化と私たち

第8章　グローバル化時代に私たちはメディアとどうかかわるのか─────144
　　1　近代社会とメディアの発達（144）　2　ポスト近代におけるマスメディアの再編（147）　3　ICT革命によるメディアの新展開（151）　4　グローバルな現実：メディアの中の私たち，メディアと共にの私たち（154）　5　結語（158）

第9章　留学生交流は何をもたらすのか─────161
　　1　はじめに（161）　2　留学生の国際的な潮流（162）　3　留学生の抱える問題（165）　4　異文化接触とは何か（167）　5　異文化接触と日本の留学生交流の問題（170）　6　交流を阻害する問題をどのように解決するか（172）　7　終わりに（176）

第10章　グローバル時代に求められる外国語教育とは─────179
　　1　はじめに（179）　2　グローバル時代と日本（180）　3　グローバル時代に求められる外国語教育（183）　4　新たな外国語教育の実践（191）　5　おわりに（193）

終　章　グローバル化は私たちに何を問うているのか─────195

序 章

グローバル化とは一体何だろうか

小林　誠

1　私たちの生活はすでに

グローバル化した生活

　世界各地の社会が互いに結びつきを深め，世界全体の一体感が高まりつつあるという実感を，今に生きる多くの人たちが──とりわけ先進国住民や，発展途上国の都市に住んでいる人たちが──共有するようになっている。この感覚は，確かに錯覚ではない。こうした感覚をもたせる現代世界の特色を，「グローバル化（グローバリゼーション）」と表現することがすでに当たり前のことになった。

　テレビのスイッチを入れると，毎日の為替と株の値動きや海の向こうの戦火の知らせが画面に現れる。オリンピックやサッカーのワールドカップの報道に世界で同時に多くの人たちが熱狂した。スーパーマーケットで手にとるカリフラワーがヴェトナム産であったり，豚の肩肉がメキシコ産であったり，あるいはインターネットで注文したアップル社のiPodが2日のうちに上海から発送されて東京に届いたりする。地元の神社の夏祭りの屋台で，たこ焼きや綿菓子と並んで，トルコ人の焼き上げるケバブが香辛料のかぐわしい香りを上げている。日本の大学生が海外実習の一環としてタイのチェンマイ近くの農村にホームステイする一方，フィリピン人女性が秋田県の嫁不足の農村に嫁いでいる……

　グローバル化を示唆するこれらの数多くの事例は，今日ではごく日常的な景

観の中のできごとであって，もはや特に新奇とは感じられない。グローバル化という現代世界の把握のしかたも，すでに一種の知的流行を過ぎつつあるようにさえ見える。現に，約8000の新聞，雑誌，報告書を収めた電子ファイル「ファクティヴァ」を用いて「グローバル化」ということばの世界における使用頻度をみてみると，1980年代に加速度的に数を増やし，2003年以降は使用頻度が下がり，2005年にいったん増えるが，2006年以降は減り続けているという（チャンダ 2009: 下118-119）。

グローバル化を考えるということ

では，ことさらにグローバル化という問題を主題化して現代世界の行方を考え直す必要などもはやないと考えるべきなのだろうか。グローバル化は，すでに時代を切り開く最先端のキーワードではなくなり，時流の後方に置かれたありきたりの概念になってしまったのだろうか。無論，そうではない。これから本書の各章が説明することだが，グローバル化は今なお現代世界を特徴づけるきわめて重要なメカニズムである。グローバル化ということばが目新しくなくなったことは，グローバル化が重要性を失ったことを意味しない。現代を理解し，これからの自分たちのあるべき生き方を構想するためには，グローバル化をきちんと見通す洞察が必要だろう。

本書は，グローバル化を，マクロの理論を用いて演繹的に論じるのではなく，ナショナルな枠組みの中に配置された私たちの日々の生活というローカルなミクロの立地点から描こうとしている。では，そうしたグローバル化のミクロの具体的な諸相について学ぶ前に，グローバル化についてどのようなマクロの議論が行われてきたかについて，以下に概括しておこう。

2 グローバル化は国家を消滅させるのだろうか

「グローバル化は国家を揺るがす！」

グローバル化の影響を特に強調する人たちをハイパー・グローバリストと呼ぶことがある。彼らからすると，国家が重要な決定の結束点であった時代は過

ぎ去り，代わってグローバルな水準の社会関係が決定力を増しつつあることになる。いい換えれば，国家は歴史的な使命を終えつつあり，代わって世界資本主義，コスモポリス（世界的政体），グローバルな社会勢力が台頭してきたということになる。実際，たとえば特定業種の賃金が下がったり，失業が増えたり，輸出が急減したりし，その大きな原因が世界市場の変化にあって，一国の政策的努力だけではいかんともしがたい状況にあるという事態は珍しくない。著名な国際政治経済学者であるスーザン・ストレンジ（Susan Strange）は，1996年という早い時点で『国家の退場──グローバル経済の新しい主役たち』という著書を著し，経済における国家の調整力が衰退し，代わって国際機構，国際カルテル，監査法人，メディアといった多様なアクターが台頭してきたことを指摘している（ストレンジ 1998）。

　こうした事態は経済に限らない。国際連合や有志連合による軍事介入が繰り返されるようになり，また2003年には国際刑事裁判所が開設されたが，これらは国家を越えた権力行使の例である。文化について考えてみると，ファースト・フード，アニメ，ポップ・ミュージック，カジュアル・ウェアー，ICT（情報通信技術），英語の氾濫といったグローバル文化と呼べるような流行現象が勢いづく一方，国民文化と呼ばれてきたものが空疎化し，一つの国家が文化の創成に果たす機能が後退していることは疑いようがない。

「グローバル化でも国家は揺らがない！」

　しかしながら，グローバル化の影響は一般に考えられているほど強くはないと見なす懐疑論者とも呼ぶべき人たちもいる。彼らによれば，国家は国際関係において今後も最も重要なアクターであって，グローバルな水準の決定がナショナルな水準を凌駕することなどない。1648年のウェストファリア条約*1以来築かれてきた国際関係の基本構造は，グローバル化によっても何ら変容していないということになる。たとえば，国際経済はあくまで国際的な経済であって，グローバルな経済ではないし，ナショナルな水準と国際的な水準の両方で国家が経済に果たす機能は今なお重要だ。また国際経済やコミュニケーション・メディアの台頭で国家の排他的な領域管理は後退したとしても，住民という最も

国境を越えて移動しにくい，つまりグローバル化しにくい要素の国家規制はきちんと継続されているのだから，この意味でも国家の領域の管理の中核は保たれているという (Hirst & Thompson 1999)。

ナショナルとグローバルの結節

　果たしてグローバル化は国家を消滅させるのだろうか。あるいは控えめにいって，国家を衰退させているのだろうか。おそらく，イエスかノーかの二者択一の解答を用意する設問自体に問題があるというべきだろう。国家はグローバル化によって，一面では衰退し，一面では強化している。また逆に，国家の変化がグローバル化として表現されることもある。さらにいうと，グローバル化は，世界全体の一体化を進めるとしても，個々の現象はあくまで自分たちの生活の中で，つまりナショナルな枠組みの中に位置づけられている。世界規模の金融市場が発達し，短期流動資本が国境を越えてめまぐるしく動くようになっても，資本の流れは国家の金融統計に捕捉され，地域の企業に投下され，またそこから引き上げられる。サスキア・サッセンが巧みにいうように，「グローバルな過程の大部分は国家領土のなかで実現される」のであり，逆に「国家の制度的枠組みのなかでおこなわれたからといって，そのこと自体が国家的である，ということはできない」のだ（サッセン 1999: 12）（→第7章参照）。

3　グローバル化はいつ始まったのだろうか

近代世界の始まり

　では次に，グローバル化はいつ始まったといえるのだろうか。つまり社会生活が世界的な規模で互いに結びつきを強めたのは，いつ頃からだと考えるべきだろうか。およそ5万年前に，東アフリカに住んでいた人類がアフリカ大陸からゆっくりと移動し，やがてアジア，オーストラリア，ヨーロッパ，そしてベーリング海峡を渡って南北アメリカ大陸に移り住んだことはよく知られている。そこまで行かなくても，奈良の正倉院の御物にイランやアフガニスタン産の材料が使われていたり，東大寺に古代ギリシア起源の建築様式であるエンタシス

が用いられていることなどを思い出す人もいるだろう。和食素材の典型のように思い込んでいるコメやソバも，もともとは誰かが日本列島に意図的にもち込んだ外来種だ。

　そうすると，人間の社会的営みはいつの時代でもグローバル化の契機を含んでいたといえるのかもしれないし，実際にそう主張する研究者もいないわけではない。しかし，社会的なつながりの拡大が，文字通り地球的規模になり，速さの点でも程度の点でも大きな弾みをつけたのは，やはり「大航海の時代」に象徴される近世になってからのことだろう。

　そもそも，時間と空間の正確な計測が技術的に可能になり，それぞれが別々の抽象的な目盛りに従って区分されて配置されるようになったのは，近世以降のことである。それまでは一般に人々は，ローカルな文脈の中で時間と空間を常に互いに結びつけて認識していた。つまり，その地域にはその地域の時間が流れていると考えていた。やがて，時間と空間がそれぞれ測定されて互いに切り離され，特定の場所と一定の時間という形での再結合が想定可能となった。こうして初めて，地理的に離れた地域が一定の時間を経て，あるいは同時に，他の地域と結びつきうると認識されるようになったのだ。つまり，グローバル化を可能とする基本的な認識の枠組みができたわけである（ギデンズ 1993）。

　さらにグローバル化の大きな推進力となったのが，近代科学の誕生とともに生まれ，また実用が本格化したテクノロジーであった。ヨーロッパの世界進出が始まり，グローバル化の本格的な到来を実現させたのは，大型帆船，羅針盤，火薬といった知識と技術によるところが大きい。その後，蒸気機関車，電信電話，自動車，飛行機，人工衛星，テレビ，コンピューター，GPS（全地球測位システム）といった利器が実用化されるたびに，世界は小さくなった。

冷戦の後に

　ところで，グローバル化ということばが好んで使われるようになった一つの契機は，1989年から始まった，冷戦の終焉である。それまでは自由主義と社会主義の2つの陣営に世界の多くの国がわかれて対立し，人的な交流も経済の取り引きも基本的に閉ざされていた。東西対立の解消とともに，かつての社会主

義諸国は移行諸国と呼ばれて世界資本主義に続々と参人し，文字通りの世界的な規模の資本主義が成熟を進めた。この意味では，グローバル化は冷戦の終わりによってまた勢いを増したということもできる。

　以上のように，グローバル化は時代時代でいくつかの位相を重ねながら進行してきた。その起源をどこまでさかのぼるかは，グローバル化のどういった性格に注目するのかという議論設定の問題である。

4　グローバル化はあらがうことのできない不可逆の趨勢なのだろうか

グローバル化の後退と復活

　グローバル化は上に述べたように，主に近世以降の歴史の中で順次，さまざまな特色を重ねながら進んできた。では，このグローバル化は，私たちが避けようとしても避けられない，逆転不可能の大きな趨勢なのだろうか。

　テクノロジーの発展や時間と空間についての人々の認識の高度化などに注目すると，グローバル化はもはや食い止めることはもちろん，後退させることなどとうてい不可能のように見える。しかし重要なことだが，グローバル化は時代の流れと並行していつもスムーズに進行してきたわけではなく，ときには大きな中断や後退も経験してきた。たとえば，19世紀半ばから20世紀初頭までは国境を越えた貿易と投資の拡大が続いたが，1914年の第一次世界大戦の勃発でこれは中断され，衰退の道をたどる。ようやく今日，両次の世界大戦と冷戦という3つの世界戦争の時代を終えて，再び国際的な貿易と投資が拡大しているが，第一次世界大戦前の主要国の対外依存度（GNPに対する輸出や輸入の比率）は1970年代や80年代と同等，もしくはそれ以上を示していた。この意味で，今日の経済的な面でのグローバル化はせいぜい20世紀初頭の段階に回復したにすぎないともいえる。また，冷戦の時代，つまり第二次世界大戦後から1980年代までは，東西の交流が閉ざされたという点で見れば，グローバル化がとどめられ，あるいは押し戻された時代だと見ることもできよう。

　グローバル化が行きつ戻りつしながら展開してきたなどと，グローバル化を

当然のように感じている人たちにはあまり想像しにくいことかもしれない。しかし，戦後の日本で旧植民地の訪問などを除く観光目的の海外旅行が解禁されたのがほんの数十年前の1964年だったことを思い出そう。それ以前は，公用か明確な業務の場合を除いて外国旅行は許可されていなかった。日本経済は国際収支の赤字が続いており，海外旅行に回せる外貨枠はほとんどなかったのだ。64年の最初の海外旅行のパック旅行（ヨーロッパ6カ国17日間）の料金は当時の大卒初任給の約40倍に当たるという。「1人年間1回限り」という制限が撤廃されたのは1966年のことである。今日の感覚とはずいぶん異なり，国境を越えるという行為がいかに特殊なことであったかが理解できよう。法務省によれば，この年にはおよそ12万8000人の日本人が海外旅行に出かけたが，2008年に国外に出た人は1599万人に達する。たかが50年にも満たない年数に起きた違いであるが，それでも隔世の感がある。

グローバル化の先行領域と後発領域

　グローバル化の進み方について，重要なことをもう一つ指摘しておこう。グローバル化はさまざまな領域で進行する。ただし，地球／グローブという普遍的な表象を用いるために誤解を生みやすいが，諸領域で足並みをそろえて進むわけでは決してない。これらの領域の中で，グローバル化が比較的進みやすいものとそうでないものがあり，それらの間の摩擦が生じるのがむしろ普通だ。金融，貿易，テクノロジー，言語，文化，思想などの領域ではグローバル化が進みやすいが，身体，司法，軍事，社会政策などでは進みにくい。この食い違いの文脈でいえば，意図的に特定領域のグローバル化を押しとどめようとすることも決して珍しくない。サウジアラビア，シンガポール，中国などで，国内でのインターネットの利用規制が強化されたり，WTO（世界貿易機関）でダンピングから自国産業を守るためのセーフガード（緊急輸入制限）が認められていたり，フランスやオランダで移民の排斥を訴える政治勢力が伸張したりしていることなどはその例である。

　グローバル化を「モノ，ヒト，カネ，情報の国境を越えた流通の拡大と加速」とするような定義がしばしば用いられる。だがこれは経済要素に還元してグ

ローバル化の一面を捉えたにすぎないのであって，グローバル化の先行領域の一つに注目して全体を表象させようとするもくろみにほかならない。ディズニー，マクドナルド，インターネットが世界を席巻する様子を語ることでグローバル化を説明するのも，ごく限られた立場からの見解にすぎない。むしろ，グローバル化は領域複合的に進む現象であり，先行領域と後発領域との摩擦を含むものであることに注意しておこう。

5　グローバル化は私たちに幸福をもたらすのだろうか

パンデミックから新自由主義へ

　さて，総じていえばグローバル化は私たちに機会や恩恵をもたらすものなのだろうか。それとも，脅威や災厄をもちきたすものなのだろうか。グローバル化の功罪については実にかまびすしい議論が起きている。

　歴史を振り返ると，グローバル化が世界に災厄をもたらした事例が多々あったことは否定できない。伝染病のグローバルな大流行（パンデミック）はまさにグローバル化の負の面を象徴するできごとである。近世初期のグローバル化では，ヨーロッパ人が南北アメリカ大陸に70余年の間にもち込んだ天然痘などの病気によって，驚くべきことに8000万人から1億人の先住民が死亡している。その後の感染症の拡大で最大規模の死者をもたらした例は，1918年のインフルエンザ大流行である。ヨーロッパに出現して1年以内に世界の人口の5分の1が感染し，死亡者数は2000万人から4000万人に上った（ダイヤモンド 2000: 上）。今日でも，新型肺炎（SARS），新型インフルエンザ，口蹄疫などの拡大が恐れられている。

　今日，特に批判が集中しているのが，新自由主義（ネオリベラリズム）に依拠したグローバル化である。新自由主義とは，国家による介入を最小限に抑え，市場の機能を最大限に尊重しようとする思想や政策のことである。今日のグローバル化は経済面が先行しがちだが，経済領域のグローバル化の秩序立たない進行を調整するために，国家ごとの違いを超えて世界市場を基盤に諸国を連結させる新自由主義は実に便利であり，強力だ。先進8カ国サミット（G8）や主要

20カ国サミット（G20）でもしばしば共通の議論の枠組みとして用いられているし，IMF（国際通貨基金），世界銀行，WTO（世界貿易機関）といった国際機関の基本原理としても制度化されてきた。

　新自由主義によれば，世界市場が健全に作動することで，自由な競争と資源の最適配分が進み，雇用や投資の機会が拡大し，より安くより優れた品質の商品へのアクセスが開けることになる。確かに，新自由主義的なグローバル化によって経済成長を実現した地域や企業もあることは認めなければならない。しかし近年，世界的規模で，そして各国内部で，所得や機会の格差が著しく拡大しつつあるが，これは新自由主義的グローバル化の帰結という意味合いが強いと考えられている。IMFや世界銀行の行き過ぎた新自由主義政策が，途上国の経済回復を遅らせた例も少なくない。また先進国でも失業や労働条件の悪化の原因を，新自由主義的なグローバル化に求める論調が強い。

　新自由主義的なグローバル化への批判は，1999年のシアトルでのWTO閣僚会議，2000年のプラハでのIMF・世界銀行年次総会，2001年のジェノヴァ先進国サミットなどでのグローバル化への大規模な抗議活動となって表れた。2001年にブラジルのポルトアレグレで開かれた世界社会フォーラム[*2]は，こうした運動体が世界から結集した集会として注目を集めた。これ以降，2008年の日本での北海道洞爺湖サミットをはじめ，国際機関の大きな会議では新自由主義的なグローバル化への抗議活動が繰り広げられるのがもはや恒例になっている。

恩恵と脅威のバランスシート

　グローバル化がこれまでの私たちの生活を大きく変化させるものである限り，これに一種の不安を感じるのも不思議ではない。しかしもちろん，グローバル化から多くの恩恵を受けていることも容易に想像できるだろう。グローバル化はきわめて広範な現象なので，これを一概に「よい」とか「悪い」とかで判断すべきものではない。どのような局面が，どのような人たちに，どのような利害をもたらすのか，といった分節的な思考が必要だ。

　次のことに注意してほしい。グローバル化は，これからの世界の変化を客観的に理解する概念であると同時に，これからの未来を自ら造り上げていくガイ

ドラインとすべき主観的な概念でもある。グローバル化は，自分の選択とは無関係な外的趨勢として消極的に受容するのではなく，主体的な意志によってそれを好ましい方向に変えていくべきものである。世界社会フォーラムのスローガンが「もう一つの世界は可能だ！」である含意もここにある。

6 グローバル化は私たちをどこへ連れて行くのだろうか

行く末の不確かさ

　前に指摘したように，グローバル化という世界認識が急に広がるようになった一つの画期は冷戦の終焉であった。冷戦は，抜本的な解決の見通しがないまま，東西陣営の対立が際限なく続く陰鬱な手詰まりのイメージを伴った。この対立はおおかたの予想を超えて見る見るうちに終焉に向かうのだが，冷戦という時代認識に代わって登場したグローバル化という捉え方は，世界を現状から未来のどこかに向けて推移させる流動感を伴っている点で冷戦と対照的である。しかし，グローバル化の行き着く先はきわめて不確定だ。グローバル化は一体どこへ向かうのだろうか。この解答を考えるのは，容易ではない。

　振り返ってみよう。クリストファー・コロンブス（Cristoforo Colombo）のアメリカ大陸到達の知らせがスペインに届くのに5カ月，エイブラハム・リンカーン（Abraham Rincoln）アメリカ合衆国大統領の暗殺がヨーロッパに知られるまでに2週間かかった。海底電信ケーブルによる国際電信網は，1866年から順次開設されたが，20世紀初めにはヨーロッパ，アメリカ，アジア，アフリカ，オセアニアのすべてが電信で結ばれるようになった。これにより，それ以前には3週間を要したイギリス・アメリカ大陸間の伝達は1日に，第一次世界大戦前には1分に短縮されている（正村 2009: 57-58）。1998年のアジア通貨危機の際，東京証券取引所の株価の変動が欧米の市場に影響を与えるにはほんの数秒しかかからなかったという。世界の携帯電話契約数は2010年半ばで約69億人の世界人口の7割を越える50億件を突破しており，インターネット利用者は2006年には10億人と見られていたが，2010年には20億人の大台に乗ったという。

　これらはコミュニケーションの分野でのグローバル化の過程の例だが，その

著しい変動を概観してみると，これから先の変動を想像することがそうたやすくないことがわかるだろう。たとえばクラウド・コンピューターの10年後は少しは語ることができても，ユビキタス*3の20年後など，おそらく専門家でも確たることはいえないだろう。

グローバル化を主体的に生きるということは

　グローバル化は，予告された到達点に向かう目的論的な歴史の展開ではないし，特定の社会勢力が先導する統一された運動でもない。さまざまな決定が複合して推移する流動的な配置の産物だといえる。したがって，たくましい想像力なくして，その実態をうまく捉えることはできない。想像しがたいものを考え上げていく構想力。以下の章を読み進めることで，グローバル化の諸相を理解しながら，この構想力を身につけることにしよう。

〈用語解説〉
* ＊1　ウェストファリア条約

    ヨーロッパの四十年戦争後の講和条約。主権国家が排他的管轄権を持ち，相互にそれを承認し，互いに国際関係を外交と国際法を通じて形成するという近代世界の基本構造の礎石が築かれた。ここで作られた基本構造をウェストファリア・システムと呼ぶ。

* ＊2　世界社会フォーラム

    スイスのダヴォスで毎年開かれる世界経済フォーラムに対抗して開催されたもので，世界経済フォーラムが世界各地の財界や政界のエリートたちを集めて討議し，いわば新自由主義的な「上からのグローバル化」をめざすのに対抗して，世界社会フォーラムは民衆参加型の「下からのグローバル化」を実現しようとして組織された運動体の広いネットワーク集会。ポルトアレグレの後，インドのムンバイ，ケニアのナイロビなどではほぼ毎年継続して開かれるようになり，世界各地に国別，地域別の社会フォーラムが多数作られた。

* ＊3　ユビキタス

    コンピューターの使用を意識させないような，常態的で普遍的な設備環境を備えた社会のありかたを意味する。グローバル化の行く末の一つのイメージだろう。とはいえ，その意味はきわめて多義的であいまい。

〈参考文献〉

ギデンズ,アンソニー 1993 『近代とはいかなる時代か?──モダニティの帰結』(松尾精文・小幡正敏訳)而立書房

サッセン,サスキア 1999 『グローバリゼーションの時代──国家主権のゆくえ』(伊豫谷登士翁訳)平凡社

ジョージ,スーザン 2004 『オルター・グローバリゼーション宣言──もうひとつの世界は可能だ! もし……』(杉村昌昭・真田満訳)作品社

スティグリッツ,ジョセフ・E. 2006 『世界に格差をバラ撒いたグローバリズムを正す』(楡井浩一訳)徳間書店

ストレンジ,スーザン 1998 『国家の退場』(櫻井公人訳)岩波書店

ダイヤモンド,ジャレド 2000 『銃・病原菌・鉄』上・下(倉骨彰訳)草思社

チャンダ,ナヤン 2009 『グローバリゼーション 人類5万年のドラマ』上・下(友田錫・滝上広水訳)NTT出版

ヘルド,デヴィッド 2002 『グローバル化とは何か──文化・経済・政治』(中谷義和監訳)法律文化社

正村俊之 2009 『グローバリゼーション──現代はいかなる時代なのか』有斐閣

Hirst, Paul & Grahame Thompson 1999 *Globalization in Question (Second Edition)*, Cambridge: Polity Press.

〈発展学習〉

アーキブージ,ダニエル 2010 『グローバル化時代の市民像──コスモポリタン民主政へ向けて』(中谷義和他訳)法律文化社
　グローバル化によって国家単位の民主主義が脅かされることがある。ナショナルな民主主義を再生し,グローバルな民主化への道をどう切り開くか。避けることのできない課題である。

フォーク,リチャード 2008 『顕れてきた地球村の法──ポスト・ウェストファリアへの視点』(川崎孝子監訳)東信堂
　コスモポリタンな人道法が立ち現れてきたことから,ウェストファリア・システムを乗り越える構想を導く,著名な国際法学者の提言。

ハーヴェイ,デヴィッド 2007 『新自由主義──その歴史的展開と現在』(渡辺治監訳)作品社

新自由主義国家を，特定の資本の資本蓄積に有利な条件を促進することを基本任務とする国家と定義し，その歴史的な展開を今日まで批判的に活写。徹底したグローバル化批判の舌鋒。

第Ⅰ部

ナショナルからグローバルへ

第1章
国境はどのように作られ，どのように越えられるのだろうか

小林　誠

1　パスポートを手に考える

パスポートが体現するもの

　国外に出ようとするとき，必ず必要となるのがパスポート（旅券）である。キャッシュカードや飛行機の搭乗券がなくても代わりの手段はあるが，紛失や盗難にあったり，難民のような異常状態に陥ったりした場合を除き，通常はパスポートがないと出入国ができない。いうまでもなく，パスポートはその人が国籍を保有する国家の中央政府が発行する公的な証明書であり，国外において身分を証明し，滞在先の国家にその人の保護を要請する機能がある。国家元首とされる者が外国を訪問する場合にはパスポートは必要とされないという奇妙な慣行は残っているものの，一般の人たちが外国を訪問する際にはなくてはならないものである。

　パスポートは，公的機関が発行する証明書としては最も信頼性の高いものの1つである。住んでいる国の自動車運転免許証（日本なら地方自治体の公安委員会の発行）を持っている場合でも，国外で自動車を運転したいときは，現地の免許を取得しない限り，国際運転免許証を本国で発行してもらい，通常の運転免許証とともに携帯することが義務づけられている。その国際運転免許証は，ジュネーヴ条約に基づき，紙に写真を貼り付けて刻印を押し，国内向けの免許証の英語翻訳をつけたような簡単なものが各国で発行されている。これと比べるとパスポートは，自動車の運転のような技能の習得が必要でないにもかかわらず，

取得の手間のかかり方，作り方の凝り具合は本当に大げさだ。パスポートのこの大げささこそ，「国境を越える」という現象がもつ意味を象徴している。いったい，パスポートが体現しているものは何なのだろうか。

パスポートに関する標準文書（ガイドライン）は，国際連合の経済社会理事会の専門機関の1つであるICAO（国際民間航空機関）が制定しており，これにより基本的な仕様が決まっている。各国政府が好きなようにデザインできるわけではなく，どのような個人情報を記載すべきか，どのようなページ構成や判型にすべきか，どのような紙質にしたほうがいいか，などが定められている。逆に言えば，諸国家は，国家間の相互作用を整序するまず最初の範型として，互いに通用するスタンダードに自ら従うことに利益を見いだしたわけだ。このごろはディジタル処理された顔写真や指紋などの生体認証を個人の特定に利用したバイオメトリック・パスポートが各国で採用されるようになっているが，それもICAOの規定に従ったものである。航空に関する国際組織がパスポートの基本設計をしてきたということは，パスポートが国際空港といういわば国内と国際の接点における現場の実務の要請から生まれてきたものであることを如実に物語っている。

近代国家の国境の形成

ただ，パスポートが今日のようにICAOの規定に従って，つまりまぎれもない国際的なスタンダードに即して使われるようになるまでには，近代の長い数百年の歴史が必要であった。100年前は今よりずっと国境を越えた移動が自由であったし，その前はもっとそうであっただろう。つまり，近代の歴史は国家が発行するパスポートを介した国境管理のしくみの強化という一面でみることもできるのだ。

パスポートの起源はフランス革命期にさかのぼることができるが，そこではパスポートは今日でいう査証（ヴィザ）に近く，1枚の紙に通行の許可を記した公文書でしかなかった。また必ずしも国境をまたがった移動についての許可証というわけでもなく，国内の地方間の移動でも使用された。むしろ国外への移動よりは，国内での移動の管理という必要から始まった面が強い。またパス

ポートの形式にも機能にも，地域や国で大きな差があったのも当然である（トービー 2008）。

　近代国家がそれぞれ共通した一定の法的機能の束として出そろうようになり，同時に人々の移動可能性が高まり，国境を越えた移動の必要が強まるにつれ，パスポートによる移動の管理の要請が高まり，やがて各国の中央政府が発行し，外国を訪れる際の身分証明と保護要請を求める公文書というスタンダードへと収斂していく。とりわけ，第一次・第二次世界大戦はパスポートによる移動の管理を大幅に強化させた。

　思い起こせば，近代の歴史は，国家を作り出し，国家装置を発展させるとともに，国境を確定し，国境を越えて移動する人々や文物を管理しようという中央政府の努力の歴史であった。それまでの世界では，国境の認識や測定は不正確で，不確定の部分が多く，飛び地があったり，たやすく変化したりし，また共同体と共同体の境界が入り乱れていたり，重複していたりしているのが普通であった。国家が一定の領域内で排外的な主権を持つことを互いに承認し合うという基本的なしくみの原則——これは今日でもかなり維持されているように見えるが——が築かれたのは，1648年のウェストファリア条約によってである（→序章参照）。近代国家はこれ以降，国境を固定し，誰の目にも見えるように公示し，出入国管理の官僚機構を整備し，パスポートによる身分証明と保護要請のしくみを整えた。近代国家は，まず国境を閉ざして住民を捕捉し，これを管理することで——つまり国家の「主体」と国家政策の「対象」を明らかにすることで——，徴税，徴兵，教育政策，社会政策，経済政策などを進めることができた。同時に，近代国家の勃興期までは国家の領域（領土，領海，領空）がそのまま国家の富であり，また富を生む源泉であったので，国家の領域を明確化し，その拡張に努めた。

国境の両義性

　しかし，国家は国境を確定しようとしたとしても，その敷居を可能な限り高め，人々の出入りをことごとく閉ざそうとしていたのではない。人々が国境を越えるということは，貿易や投資を通じて富を増殖させることにつながるし，

第1章　国境はどのように作られ，どのように越えられるのだろうか

珍しい文物，安価な商品，新たな知識を獲得し，ときには安全保障を高めるもくろみを満足させることにもなる。しかし同時にずさんに国境を開放すると，麻薬や武器の流入が増えたり，移民や難民が多量に流入したり，犯罪者が逃げ込んできたりするほか，疾病や公害の侵入，好ましからざる思想やイデオロギーの伝播，脱税や不法な経済取り引き，外国からの内政干渉などの多々の弊害をもたらす。ときには外国からの侵略にもつながるだろう。国境を閉ざして住民管理を厳格に行う一方で，一部の機能を開放して国境を越えた相互作用の果実は獲得したいという両義性が，国境にはまとわりついている。パスポートはこの国境の両義性の象徴なのだ。

　国境を通じた人の流れやさまざまな相互作用を閉ざす江戸時代の日本の鎖国は，国境の閉鎖を強めた代表的な例だが——後で述べるように，それでも一般に思われている以上に他国との接触は一定程度維持されていたのだが——，現代になってもそうした事例がないわけではない。エンヴェル・ホッジャ（Enver Hoxha）支配下のアルバニアやポル・ポト（Pol Pot）のクメール・ルージュ政権期のカンボディアなどでは，独自の国造りのために外国勢力の排除を目的に国境を越えた移動や相互作用を遮断しようとした。一部の友好国との外交や通商関係は維持したものの，投資や貿易を閉ざした自給自足経済など，現代において国民生活を維持するにはとうてい実現不可能だから，いずれも悲惨な結果を迎えることになる。また，冷戦期は東西の2つの陣営の間をヨーロッパでは「バルト海のシュテッティンからアドリア海のトリエステ」まで「鉄のカーテン」と呼ばれるまさに鉄壁と呼ぶべき国境が縦断した。おおむね「鉄のカーテン」は実際には物理的には各国の国境を仕切る鉄条網であることが多かったが，中でも西ベルリンを封鎖する「ベルリンの壁」は東西を区切る国境の象徴的存在であり，鉄条網に加えて石やコンクリートで街区や人々を冷酷に仕切った。東ドイツ市民の旅行は許可制であり，自国のパスポートを持っていても，隣国の領土である西ベルリンに入ることは許されなかった。ベルリン封鎖の1961年に建設されてから1989年に崩壊するまでの間に，壁を越えようとして国境警備隊に射殺された東ドイツ人は200人近くに達し，500人以上が脱出に成功したといわれている。

グローバル化の進展で,国境は重要性を失いつつあるようにも見える。だが,実際にはグローバル化の中で国家が衰退しつつあると一概にいえないのと同じく,国境も存在を弱めているわけではない。では,この国境という不思議なしくみについて,以下のいくつかの具体的事例から少し考察してみよう。そして,国境を越える意味について考えてみよう。

〈コラム〉

小林誠

　2010年のとある夜遅く,明石家さんまが司会をする「恋のから騒ぎ」というテレビのバラエティ番組で,若い女性が自分の失敗談として「パスポートが外国に行くための証明書だと知らなかった。普通の身分証明書だと思っていた」という主旨の発言をし,ひとしきり,パスポートの話題となった。芸能人ではない女性たちがパスポートを「生まれたときから持っていた」とか「幼稚園の頃から持っていた」と口々に言うのに対し,明石家は「パスポートは大人になって持つもんや」と反論し,ゲストの大竹まことが「俺たちの世代は家に米穀通帳があった」とつぶやいた。

　こうした会話で笑いが成立することを,パスポートを所有することがごく自然のことであり,海外旅行をあまり特別のことと感じないような若い世代の人たちは,もしかしたら怪訝に思うかもしれない。日本人にとって「国境を越えること」が特別な行為だったという感覚を覚えている人にだけ,この話は「落ちる」のだ。

2　日本の国境の始まり

近代日本の動揺

　江戸時代の日本は,長崎の幕府直轄地における中国・オランダとの貿易,対馬藩を介した朝鮮との外交,薩摩藩を通じた琉球との交易,松前藩を通じたアイヌとの交易という「4つの口」を通じた国際関係をもつほかは,一般に外国との接触を禁止していた。これは後世になって鎖国と呼ばれるようになり,閉

鎖的で退行的なイメージで語られることが多い。だが，国民の国外への出入りを管理し，同時に国内で宗門人別 改 帳や全国人別調査などを通じて国民を国家が把握して管理する体制が整備され始めてもいる。鎖国によって，日本は近代国家の胎動を始めたのだ（大石 2009）。

やがて開国を迫る列強の圧力に屈し，1854年の日米和親条約を皮切りに，1858年にはアメリカ合衆国，オランダ，ロシア，イギリス，フランスとの間に修好通商条約（安政5ヵ国条約）が結ばれ，日本は近代国家と近代国際関係のしくみ，つまりウェストファリア・システムを学習しながら，これに遅ればせながら参入していくことになる。

この章の目的は国境に注目して，その意味を考え直すことにある。日本がウェストファリア・システムにその一員として19世紀半ばに取り込まれてから近代国家の内実を整える，やや無謀な努力についてはここでは論じないで，国境画定について話を進めよう。日本のウェストファリア・システム参入の当初に日本が最初にもった近代的な意味での国境は，1855年の日ロ和親条約にあると考えられている（中国が同様の意味で，最初に持った近代的な国境策定に関する国際条約は，ロシアと清朝の1858年の愛琿条約である）。それ以前の日本は，つまり日本の権力機構も日本に住む人々も，琉球に対してもアイヌに対しても中国に対しても，線状をなす国の境という発想がなく，国の境はあっても帯状であり，あるいは境はなくて無主物である土地を他の国との間に挟んでいると考えていた。だが，日ロ和親条約により，樺太／サハリンは「界を分たす是迄仕來の通たるへし」として両国民雑居のまま，国境が定められなかったものの，千島列島の択捉島とウルップ島の間に国境が引かれる。つまり，日本とロシアの間のどこに境界をさだめるかという議論がその後も現在まで続くのであるが，1855年の時点ですでに，日本とロシアの間にはっきりした区画線という形で「国境が存在する」という相互認識が確立したのである（バートン 2000）。

日本の国境の変動

近代国家たろうとあせる日本政府はその後，国境を確定する作業を進めるが，それは傲岸な対外進出による領土の拡張として実現されていった。第一次世界

大戦が終わるころには,朝鮮半島や南太平洋諸島にまで国境線を大きく拡大させる。そして,第二次世界大戦時に中国東北部や東南アジアにまで膨張した日本の国境は1945年8月受諾のポツダム宣言と1951年9月署名のサンフランシスコ講和条約で,すんなり今日の形にまでそぎ落とされて確定することになった。ポツダム宣言では,日本の領土は本州,北海道,九州,四国および連合国の決定する諸小島に限られることと定められ,またサンフランシスコ講和条約では,朝鮮の独立を承認し,済州島,巨文島,鬱陵島を含む朝鮮に対するすべての権利,権原,請求権を放棄した。また同時に,台湾と澎湖諸島,千島列島と樺太の一部やそれに近接する諸島でも,同様にすべての権利,権原,請求権を放棄した。

　周りを海洋に囲まれているために,領域の外的臨界を比較的はっきりさせることのできる物理的条件をもつ日本であっても,考えてみれば国境の変化は近代だけでも相当大きく,国境をめぐる紛争が続発していた(芹田 2002)。ましてや,日本以外の多くの他の諸国では複数の国家と陸続きの国境をもつことが普通であり,国境が変動することはむしろ通常のことである。今日の日本政府がロシアに実効支配されている北方領土の返還を求めるときに使う「日本固有の領土」といった言説が,いかに空虚なものかがわかる。

3　国境を競り上げる——海は誰のものか

尖閣諸島近海のとある事件

　そして今日,海洋という自然の障壁に囲まれた日本の四囲の国境が確定し,穏やかに波頭を立てているだけかというとそうでもない。2010年,日本が領有を主張する尖閣諸島の近くの東シナ海で中国籍漁船が海上保安庁の巡視船と衝突し,船長が公務執行妨害で逮捕されるとともに,船員14人も事情聴取のため,沖縄に連行される事件が起きた。これまで漁船や不審船が拿捕されたり,追い返されたりした例は珍しくないが,これが日中間で領有権の争いのある尖閣諸島近辺で起きた事件であったために,日中双方で注目を集めた。

　中国からは即座に強い抗議が行われた。駐中日本大使は繰り返し中国政府に

第1章　国境はどのように作られ，どのように越えられるのだろうか

呼び出され，ハイテク産業に欠かすことのできないレアアース（希土類）の中国からの日本向け輸出が中断され，そのほかの貿易品目の対日通関業務が厳格化されて滞った。また，尖閣諸島の北方に位置する白樺海底油田は，領有問題を一時棚上げして日中で共同開発することに合意していたにもかかわらず，中国側が掘削作業に一方的に着手し始めた。北京の日本大使館前では市民が抗議のデモを繰り広げ，重慶，上海など，中国各地で反日デモが起き，日系商店が被害を受けることもあった。また，インターネット上では「すぐに釈放せよ」「尖閣諸島は中国固有の領土だ」といった意見が寄せられ，日本に対するサイバー攻撃の呼びかけが飛び交った。

　こうした圧力の中で，那覇地方検察庁は中国人乗組員に続いて船長を処分保留のまま釈放し，船長はチャーター便で帰国することとなった。しかしその後も，中国政府と日本政府の双方が賠償請求の方針を明らかにした。日本国内でも「中国は横暴だ」「尖閣諸島が盗まれる。警戒せよ」といった情宣的な言葉がメディアに踊った。その後の内閣府の調査では，この事件の影響もあって，アンケートに答えた日本人のうち，「中国に親しみを感じる」とした回答は前年2009年から18.5ポイント減の20.0％にとどまり，1978年の調査開始以来最低となった（『毎日新聞』2010年12月18日）。

尖閣諸島の領有権争いのロジック

　さて，そもそも国際法上はこうした海上の境界はどのように定められているのだろうか。1982年に採択された国連海洋法条約では，領海を領土から12海里，排他的経済水域を200海里，深海底資源の開発に関わる沿岸国の大陸棚は原則200海里とするよう，国家の管轄権を定めている。尖閣諸島は，日本政府が主張する境界線である日中中間線の日本寄りにあり，他方，中国政府は沖縄トラフと呼ばれる沖縄本島や石垣島に近い海上のラインを日本と中国の境界だと主張している。尖閣諸島は台湾まで約170キロ，石垣島までも約170キロの位置にある。上に述べた事件は，日本政府からすれば自らの排他的経済水域の内部の法的ルーティンで処理すべき犯罪であり，中国政府から見ればそれは中国の排他的経済水域に日本艦船が侵入して行った日本側の犯罪ということになる。

第Ⅰ部　ナショナルからグローバルへ

　さらにいうと，日本政府のいい分はこうである。尖閣諸島には明治期より日本人が入植しており，明治政府は1885年から現地調査を行い，清朝支配が及んでいないことを確認して1895年に標識を立てる閣議決定をした。一時は海産物工場もあって日本人が居住し，1940年代から無人化したが，それ以降海上保安庁が灯台を設置するなど，実効支配してきた。1970年代になって尖閣諸島周辺に海洋資源・地下資源が発見される前には，中国は領有を唱えたことはないし，自ら公文書でも日本領としてきた。

　他方，中国政府の主張は以下のようである。明朝時代に中国が発見し，命名し，明朝・清朝がそれ以来防衛してきた。尖閣諸島は中国固有の領土である台湾に付属し，1945年のポツダム宣言で日本の台湾領有の放棄が定められたことにともない，中国に返還された。サンフランシスコ講和条約では，沖縄と尖閣諸島を米国施政下に置くことが明記されたが，この条約は日米間の２国間条約であり，中国は不参加なのでそれには関知しない。ちなみに日本の海上保安庁が尖閣諸島に灯台を設置したことに中国が抗議すると，灯台を撤去したではないか。

　これらの言い分のどちらが正当だろうか。尖閣諸島の領有は政治的な問題であって，「客観的」に判断できる性格のものではなさそうだ。この事件は，国境というものが今なお，国家の最も原初的な構成原理であることを改めて示唆している。そして，ともすれば人々のナショナルな感情を刺激する琴線ともなる象徴的な意味をはらんでいることがわかる。日本と中国は経済的な相互依存が高度に進み，移民，労働力移動，留学，結婚といった人的交流も深く，いわゆる歴史問題が抜本的には解決されていないものの，日中関係は一般的にはきわめて緊密だといえる。中には，日中の架け橋を自認している人や，日本人でもあるし中国人でもあると思っている人もいるだろう。そうであるのに，本来なら１隻の漁船が何を漁獲するか，という個別利害の問題であるのに，これを越えて，日中双方の多くの人たちがウェストファリア・システムの基本構造に即して「日本」対「中国」というナショナルな利害の対立という構図に持ち込んで捉えてしまったのだ。国境というしくみのもつ慣性がいかに強いかが理解できよう。

今日のグローバル化は国境の働きを喪失させるような外見をもつが，グローバル化の中でも，いや相互接触の増えるグローバル化の中でこそ，国境は新たに競り上がってくることがあるのだ。

珊瑚のかけらを何としても保守せよ！

もう一つ，日本の海上の境界の問題を取り上げよう。日本の領土の最南端は沖ノ鳥島である。東経136度04分11秒，北緯20度25分31秒というから，これは東京都に属していながら，何とハワイのホノルルより南に位置する。沖ノ鳥島から半径200海里の排他的経済水域の円を描くと，約40万平方メートルに達し，日本全体の持つ排他的経済水域の約10％を占める。経済利益の観点からも，安全保障という面からも，あるいは国威発揚のようなナショナルな感情操作の上でも，小さな島の割にはとても重要な拠点だ。

ところが沖ノ鳥島は，頑丈な岩塊ではなく，珊瑚礁からなる小型の島で，1930年代には6つの露岩が確認されていたが，1952年には5つ，1987年には2つが波間に見えるだけになってしまった。台風や荒波で浸食されてしまったのだ。大きな東小島の方でも畳2畳ほどの狭さである。そこで広大な排他的経済水域を確保するため，建設省は1987年に鉄製の消波ブロックとコンクリートによる保全工事を行い，50センチほどの護岸で周りを覆った。だがその後も劣化が続いたため，さらに1999年に東小島に8億円もの大金をかけてチタン製のネットをかぶせた。

国連海洋法条約では，島とは「自然に形成された陸地であって，水に囲まれ，高潮時においても水面上にあるもの」とされている。沖ノ鳥島そのものに鉄柱やコンクリートで手を入れては国際法上の島として認められなくなるので，島そのものには手を触れないで，周りから防御するしかない。さらに，海洋法条約は「人間の居住又は独自の経済的生活を維持することのできない岩は，排他的経済水域又は大陸棚を有しない」と定めている。だが沖ノ鳥島のような絶海の孤島にとても人が住めるわけはないので，岩ではなくて島であるとして排他的経済水域をもたせるためには，何らかの経済的生活が必要となる。日本政府はそこで，今後の活用検討のために沖ノ鳥島の「調査・観測」を行うことで，

島という実態を作ろうと画策中である。2004年に中国外務省が「沖ノ鳥島は国連海洋法条約121条に言う『岩』であり，排他的経済水域を持たない」と発言したこともあり，日本政府は内心穏やかではないはずだ。

　いうまでもないことだが，尖閣諸島をめぐる日中の領有権争いや消えゆく沖ノ鳥島といった問題のほかにも，日本は国境問題を抱えている。日本が島根県の領有を主張する日本海上の竹島／独島は大韓民国が実効支配しているし，国後，択捉，歯舞，色丹のいわゆる北方領土も，1875年の日本・ロシア間の千島・樺太交換条約にもかかわらず，ソ連／ロシアがこれを占有してきている。これらの地域は，ナショナリズムの衝突を呼び起こす危険をはらんでいる。ここでもまた，国境は敷居を高めているのだ。

4　国境を越えた規範の行方

人権規範は国境を越えるか

　以上では，地球上の領域を国家間でどう仕切ってわけるかという物理的な観点を少し論じてみた。しかし，国境の作用は別のいい方をすれば，その国境の範囲内に国家主権が成立するという理念上の問題でもある。これを端的にいえば，国境はその国の法律が効力を発する境界でもある。私たちが国境を一歩踏み出すと，元いた国の法律は適用されず，現に立っている領土の国の法律がにわかに私たちの前に立ち現れる。国際法は国内法として制定されることで，国境内で実効性を獲得するのであって，そのまま国内で私たちを縛るわけではない。各国間の取り決めで犯人引き渡しが定められていることは，そうした国境内の主権的な法の管轄権を例示している。

　しかしそれでも，注目すべきことだが，国境を越えたコスモポリタニズム（世界市民主義）に基づく規範が生まれつつあることを強調する見解が現れるようになった。国家を媒介とせず，つまり国境の内部ごとに成立する国法を介在させないで，直接私たちに作用する規範である。主権という概念を使っていえば，国家主権を越えた地球的主権が現れ始めているのではないか，ということになる。1948年の世界人権宣言は，主権国家の代表が国連で採択したという形式を

第1章　国境はどのように作られ，どのように越えられるのだろうか

とっているが，内容は人民に普遍の原理として人権を掲げており，コスモポリタンな規範の先駆である。コスモポリタン法の思想的起源は自然法*1の発想に求めることができるが，自由や平等などの人権，環境，民主主義などについて，確かにグローバルなコンセンサスが強まりつつあることは否定できない。では，人権規範をめぐる一つの事件に注目し，規範がどこまで国境を越えられるかについて考えてみよう。

人権規範は国内的なものなのか，それとも普遍的なのか

　2010年，ノルウェーのノーベル賞委員会はノーベル平和賞を中国の作家で人権活動家の劉 暁波（リュウシャオボー）に授与した。劉は，1989年のいわゆる天安門事件における指導者の一人であり，中国共産党の一党支配を批判し，言論・宗教の自由，軍隊の中立化などを求める声明である「08憲章」を起草し，著名知識人303名の実名による連名での発表を主導した（劉 2009）。劉はこのために国家政権転覆扇動罪で逮捕され，2010年に懲役11年の実刑判決を受けて服役していた。ノーベル賞委員会は劉の「中国の基本的人権を求める非暴力の闘い」を評価し，「20年以上にわたって，中国での基本的人権の適用を唱えるスポークスマンとなってきた」とたたえた。また「中国は世界第2の経済大国になったが，その新しい地位には増大する責任が伴わなければならない」と指摘し，「中国の憲法には言論，報道，集会，デモなどの自由が定められているにもかかわらず，中国市民の自由は明らかに制限されている」と中国政府を批判した。バラク・オバマ米国大統領は，劉を「普遍的価値の前進と非暴力のための雄弁で勇気あるスポークスマンであり，民主主義，人権，法の支配を支援している」と賞賛し，その即時釈放を求めた。

　これに対し，中国外務省は「劉暁波は中国の法律を犯し，中国の司法機関が懲役刑を科した罪人である」と弁明し，「ノーベル平和賞を与えることは，賞の趣旨に背き，これを汚すものだ」とする談話を発表した。また「中国とノルウェーとの関係も損なわれることになる」とし，実際に経済交渉を中断するなどの行動に出た。

　またパキスタン，ベネズエラなどの首脳は劉へのノーベル平和賞授賞を主権

侵害だとして非難し，実際，劉の欠席のまま行われた授賞式には，中国だけでなく，パキスタン，ヴェトナム，ロシア，サウジアラビア，イラン，キューバ，スーダン，エジプト，カザフスタンといった諸国が中国の要請に応じる形で代表を欠席させた。これらはいずれも人権問題でしばしば批判を受ける国々である。

規範の決定水準のアポリア

この出来事は，人権という規範がどこまで普遍的でありうるか，いいかえれば，どの程度まで国境を越えて作用すべきものなのか，という難問を私たちに突きつけている。思想・信条の自由，言論の自由，集会・結社の自由などに例示される基本的人権は，いかなる条件下であってもあくまでも尊重されるべきだし，それは地域や時代を超えて人間である限り互いに守るべき普遍的価値であるように見える。ある国で基本的人権が著しく侵害されていることが明らかであるなら，いわゆる国際社会はこれを批判し，是正に向けてさまざまな手段を講じることがもはや義務だといえるのかもしれない。

しかし，ここで考えなければならないのは，基本的人権とは何か，という内実が現実にはなかなか特定しがたいということである。中国の憲法では中国共産党の「指導的役割」がうたわれており，社会主義を破壊するいかなる組織も禁じられている。劉が共産党一党独裁を非難することは，これらの国の成り立ちを揺るがす大それた行いということになる。そしてさらに考えを及ぼすべきことは，これまで大国が普遍的な規範を盾に小国の主権をあからさまに侵害し，内政干渉や侵略を繰り返してきたことだ。ヴェトナムでも，アフガニスタンでも，中米でも，イラクでも*2，大国は人権や民主主義や自由といった普遍的価値を掲げて理不尽な流血と破壊をもたらした。

規範はナショナルな水準のものだけではなく，それと併存するようなグローバルな水準で決定されて作用するコスモポリタンな法としても実現されなくてはならないという一般原則を支持することはできる。しかし，それがナショナルな規範の到達点を損なうものであってはならない。グローバル化の中において，これは長い討議の過程を必要とする実に重い課題だろう。

5　国境を越えて生きるということ

無国籍で生きる

　以上で論じたように，現代の国家は閉ざしつつ開くという両義的な国境管理を行うことで，自分の姿を作り上げようとしている。そしてそれにともない，今日のグローバル化の中で，そう簡単に解決しそうにないさまざまな新たな問題が噴出している。では最後に，国境に関係する2つのエピソードを紹介し，グローバル化の中での私たちの生き方のイメージを考えてみることにしよう。

　エフゲニー・アクショーノフ（Eugene Aksenoff）という人物を紹介したい。東京に住む開業医である。彼には国籍がない。したがって，日本のパスポートを取得することはできないが，日本の法務省から発行された再入国許可証を持って国外に渡航することができる。再入国許可証の顔写真と名前の下には「無国籍」と印刷されている。

　アクショーノフは，亡命ロシア人の父とドイツ人を母として1924年に現在の中国ハルビンで生まれた。満州の国籍をもって1943年に日本に渡ったが，終戦で満州国が消滅するとともに国籍を失ってしまい，それ以来，無国籍で通している。日本語のほか，英語，ロシア語，中国語，ドイツ語がわかるために，外国人滞在者に評判となり，医院は繁盛した。だが冷戦下では旅行先のソ連からも居住地の日本からもスパイの嫌疑をかけられたこともあり，そのたびに疑いは晴れて釈放されている（飯島 2003）。

　満州国が消滅したときにしかるべき手続きを踏めば，中国か日本の国籍を取得できたはずだ。日本の永住権を2000年に取得しているが，帰化して日本国籍を得ることもできただろう。だが彼はどこの国籍も欲していない。無国籍であるために，政治的な敵がなくなり，どの国の人とも仲良くできるという信念をもつ（『日本経済新聞』2010年7月18日）。

　無国籍というアクショーノフの生き方は，戦争の混乱による偶然の産物かもしれない。だが，そこには自分を独自の観点で世界の中に定位しようという意志が垣間見える。グローバル化は人の移動性を高め，移動しない場合でもアイ

デンティティを流動化させるので，国家の国境管理が強化される一方で，無国籍者や二重国籍者が増える傾向が生じている。「私はいったい何人なのか」という自問を，これからいくどとなく繰り返すことを私たちは迫られるだろう。それがまさにグローバル化を生きるスリルなのだ。

国境を越えることで世界を変える

　すてきなエピソードでこの章を終わることにしよう。1989年の真夏のある週末。東ドイツの住民がハンガリーの街ショプロンに続々と集結してきた。東ドイツでバカンス申請をし，同じ社会主義圏に属するハンガリーに南下してきた人たちである。やがてその数はおよそ1000人にふくれあがった。彼らが集まったのは，汎ヨーロッパ・ピクニックという催し物が開かれるという知らせを聞いたからである。開催地ショプロンは人口6万人に満たない小さな街だが，ハンガリー領土がチェコスロヴァキア領内に突出した場所にあり，三方をチェコスロヴァキア国境に囲まれている。

　ときのハンガリーの政権を担っていたのは社会主義労働者党（いわゆる共産党）であるが，東ドイツ政権と異なり，自ら自由化路線へ大きく舵を切っていた。そして「冷戦の醜い残滓」であるとして，自国の東西国境にある鉄条網を撤去する決定を行う。党の指導者たちは，これが東西の壁を倒壊させるような大きな意味をもつかもしれないことをこの時点でうすうす感じていたという。汎ヨーロッパ・ピクニックは，こうした中，チェコスロヴァキア経由で西ドイツへの亡命を希望する東ドイツ人を逃がす意図を持って開催されたのだ。当日，式典演説の終わりを待たず，東ドイツ人が次々に国境を越え始めた。国境警備隊はこれを阻止しなかった。

　汎ヨーロッパ・ピクニックで人々が国境を越えることに成功したというできごとは，それ自体は小さなことであったが，その後，まさに世界史を大きく揺るがす影響をもたらす。越境の成功を聞いた東ドイツ人が次々にハンガリーやチェコスロヴァキアの国境地帯に詰めかけ，圧力に抗しきれないハンガリー政府や西ドイツ政府が東ドイツ人の越境を認めたため，大規模な出国（エクソダス）が始まったからだ。同時に東ドイツのライプツィヒやベルリンで大きな反政府デモが起き

た。東ドイツのエーリッヒ・ホーネッカー（Erich Honecker）国家評議会議長・社会主義統一党（いわゆる共産党）書記長はついに1989年10月に辞任に追い込まれた。11月9日，旅行自由化の決定の報道を聞いた東ドイツ市民がベルリンの壁に集まり，壁を乗り越え，これを壊し始めた。冷戦の終わりの始まりである。

　国境は，私たちを守ることもあるが，逆に理不尽な排除と抑圧，あるいは対立のしくみとして立ちはだかることがある。パレスチナにイスラエルが建設した分離壁[*3]，「敵性戦闘員」を収容しているキューバのグアンタナモ米軍基地[*4]を取り囲む鉄条網，北朝鮮と韓国を分断する38度線など，ベルリンの壁に類した排除，抑圧，対立のための国境はまだ世界にはたくさん残っている。暴力に訴えることなく，ドイツ人がベルリンの壁を乗り越え，互いに握手をし，抱擁した，あの輝かしい先例を思い出しながら，これらの国境を砕き，国境を乗り越える方策をあれこれ考えることにしよう。

〈用語解説〉

＊1　自然法
　　natural law のことで，ものごとの自然な本性から導き出される法の総称であり，個別事象の発現前に普遍的に存在すると想定される。その法源は，神，自然，理性に求められることがある。

＊2　ヴェトナム，アフガニスタン，中米，イラク
　　1965年に米国は北爆を開始してヴェトナム戦争への本格介入を始めた。ソ連は1979年に社会主義政権維持とテロに抗するとしてアフガニスタンに侵攻し，駐留した。エルサルバドル，ニカラグア，グアテマラでの内戦に1970〜80年代の米国はさまざまな形で間接介入した。イラクでは2003年に米英などの有志連合が大量破壊兵器の保有，イラクの民主化などを口実に，サダーム・フセイン（Saddam Hussein）政権打倒を掲げて戦争を起こした。

＊3　イスラエルが建設した分離壁
　　ヨルダン川西岸地区に，テロ防止の名目でイスラエル人居住区・入植地とパレスチナ人居住区を隔てる形で設置。2003年に国連総会では非難決議が採択され，翌年，国際司法裁判所（ICJ）はこれを国際法違反とする勧告的意見を出した。

＊4　グアンタナモ米軍基地
　　2001年のアフガニスタン侵攻以来，「テロとの戦い」において米国が500人あまりの

捕虜を世界中から収監。「敵性戦闘員」とされる捕虜は，ジュネーヴ条約上の捕虜としての保護も，米国国内法の刑事事件の被疑者の権利も認められていない。

〈参考文献〉

飯島一孝 2003 『六本木の赤ひげ』集英社
大石学 2009 『江戸の外交戦略』角川学芸出版
芹田健太郎 2002 『日本の領土』中央公論新社
トーピー，ジョン 2008 『パスポートの発明』（藤川隆男監訳）法政大学出版局
西牟田靖 2008 『誰も国境を知らない』情報センター出版局
バートン，ブルース 2000 『日本の「境界」』青木書店
劉暁波 2009 『天安門事件から「08憲章」へ』藤原書店

〈発展学習〉

ウォルツァー，マイケル 2008 『正しい戦争と不正な戦争』（萩原能久監訳）風行社
　ナショナルな倫理と普遍的な倫理の対立は，究極的には人道的介入のための戦争の是非という問題に行き着く。物理的暴力を使ってまで，誰が，何を守るべきなのか。政治哲学から考察する。

ヒーター，デレック 2002 『市民権とは何か』（田中俊郎・関根政美訳）岩波書店
　無国籍や多国籍という問題以上に複雑なのが，グローバル化の中での市民権の行方である。もはや「誰が市民か」という問に簡単に答えることはできない。多重市民権の可能性を論じる。

第2章
「あなたはどこから来たのですか」
―― グローバル化の文化分析

石塚　道子

1　文化とは？

時間・空間の圧縮感覚

　いま私たちは，思わず「あなたは，どこから来たのですか」という問いを発してしまうような環境に生きてはいないだろうか。街角ですれ違った人，隣に引っ越してきた人，スーパーマーケットやコンビニの棚に並んでいる商品，そしてメディアの映像や音楽までもが「あなたは，どこから来たのですか」という問いを触発してはいないだろうか。また逆に，私たちがそう問いかけられるような場所に身をおくこともまれなことではない。では，この問いが喚起される理由はどこにあるのだろう。それは，私たちを含めて世界中の多くの人々が，「いま・ここ」の人や事象が，「はるか彼方」のそれらと関連しているという時間・空間感覚を共有するようになったからではないだろうか。

　イギリスの地理学者デヴィッド・ハーヴェイ（David Harvey）は，時間・空間感覚は歴史的に変容していくものだが，1970年代以降の資本主義の国境を越える分業の編制，フレキシブルな蓄積への移行という構造変化のもとで，交通・輸送と通信・情報技術が急速に発達し，その結果きわめて強烈な時間・空間の圧縮感覚が生まれたのだと言う（ハーヴェイ 1999: 364-396）。このような時間・空間の圧縮感覚，つまり「グローバル化」の認識は，経済，政治，社会，文化領域のどれをとっても一国内で完結する事象はありえないという世界規模での相互依存性拡大の事実と，それを人々が経験をとおして認識するという2つの次

元が統合されたものである。交通・輸送や通信・情報技術へのアクセスの可能性は一様ではないから人々の経験も異なる。また，新しい経験をどのように価値づけて認識に取り込むかは既存の文化の認識体系によって異なるので，世界中どこでも誰でもが同じ「グローバル化」の認識をもっているわけではない。経済・政治のグローバル化と文化のグローバル化といわれるが，上述したように，それは事実と認識の統合なのだから両者は並列ではなく，経済・政治が文化をとおして表れてくる現象としてとらえられねばならない。つまり，文化は今日の資本主義経済・政治システム構造の動力であるがゆえに，文化分析が，グローバル化を理解するうえでの鍵となるのである。

文化／自然という区分

よく知られているように「文化」culture の語源は，ラテン語の気をつける，「耕す」という動詞 colere, 名詞形 cultura であり，植物栽培のために土地に気をつける，耕すという意味から，次第に自然状態から脱した人間の心のあり様，教養を意味して使われるようになった。文化／自然という区分は，人為的，人間の創造を指す語を「文化」，それ例外，つまり人間の行為が及んでいない部分を「自然」nature とする差異化によって成立している。このような二項対立の認識体系では，二項は相互依存の関係でしか存在していないにもかかわらず，あたかも二項がそれぞれ自立的な実在であるかのように外界が二分して認識される。また，その価値づけを非対称にすることによって，差異の是正をはかる介入行為を正当化することもできる。15世紀末にはじまるヨーロッパの植民地主義的介入は，非ヨーロッパ地域を手つかずの自然の地＝野生・野蛮・未開であり，ヨーロッパ地域は文明の地であるとする認識図式において正当化されたのである。ちなみに「文明」civilization, civilisation という語は，ラテン語の「市民」civis,「都市，国家」civitas を語源とする語で，都市／非都市と文化／自然＝野蛮という対立を重複させることによって，都市文化の優位性を意味して使われていたが，近代ヨーロッパの普遍主義に基づく発展段階論的な歴史観と結びついてより高次に組織化された社会の洗練された制度，文化全般を指す語となった。ゆえに，低次元にある文化を引き上げる「文明化」はヨーロッパの「使

命」mission であるとして植民地主義的介入は正当と見なされたわけである。18世紀頃まで「文化」と「文明」の語義はほぼ重なりあっていた。しかし，18世紀末，ドイツの哲学者ヨハン・ヘルダー（Johann Herder）は，フランスの物質主義的，啓蒙主義的な文明に比較して，ドイツには精神性の高い「文化」Kulturが存在すると主張した。彼は，文明を文明化という植民地主義的介入，物質至上主義など近代の否定的側面を表す語と定義することによって，文化との差異化を図った。これはフランスやイギリスなどによる「文明」の占有に対する，ドイツのロマン主義からの反発であったが，文化を複数形と領域性によって認識する契機となった。

文化の複数形認識と領域性

　ヘルダーによる文化の複数形での使用は，文化が区画化された個別の領域に住む人間（民族）集団の生活様式全体を指す語であること，すなわち，文化を領域性において捉える認識を導いた。19世紀になると文化の領域性の認識から，以下の2つの事象が生起した。第1は，文化がナショナリズムの基盤とされ，「フランス文化」，「ドイツ文化」などの用法に見られるように，国家ごとに一元的な国民文化が存在するという認識が生まれたことである。しかし，国民国家は，実際には複数の民族集団から構成されていたから，国民文化とは，国家の政治統合を主導した民族が，他民族に文化的同化を強制するというかたちで構築されたものである。第2は，非ヨーロッパ地域の文化研究の学として，東洋学と人類学が創設されたことである。ヨーロッパ植民地主義は，「そこではなぜ近代化が遅延したのかをあきらかにするためにその個別文化の「特殊性」を抽出する」ことを必要としたわけである（ウォーラーステイン 2006: 32-36）。東洋学は，かつては帝国として広大な地域を支配し，そのために文字，宗教，慣習を発展させていた，つまり「高等文明」を有していた非ヨーロッパ地域の文化研究である。東洋学者は古代の文献を読解する高度な専門的能力を習得しなければならないとされた。人類学は，非ヨーロッパ地域のうち，とくにヨーロッパとの直接接触の少なかった地域の「未開・野蛮な」人間集団の生活様式を文化として，フィールド調査に基づく民族誌というかたちで記述する個別科学で

ある。

2 人類学とカルチュラル・スタディーズの文化概念

人類学と文化相対主義

　19世紀末イギリスの人類学者エドワード・タイラー（Edward Tylor）は，人類学の研究対象としての文化を，「文化または文明とは，知識，芸術，道徳，法律，慣習そのほか人間が社会の成員として獲得したあらゆる能力や習慣の複合的総体である」（『原始文化』1871年），つまり，人間の行為すべてを包括するものと定義した。1920年代に入ると，イギリスやアメリカ合衆国の文化人類学者たちは，長期にわたるフィールド調査によって作成した民族誌を次つぎに提示して，文化人類学の文化理論の中核ともいえる文化相対主義を確立していった。文化相対主義とは，どのような人間も文化に拘束されているのであり，その文化が異なれば，世界を認識する枠組みも異なるはずであるという認識の相対性，そして，文化は個別の環境への適応という個別文化内部においてのみ意味をもつのだから価値を比較することはできないという価値の相対性から構成されている思考である。この思考は，一国家内での複数の民族集団の文化存在を認め，それを社会的に保証しようという今日の多文化主義の基盤となった。

　1949年，フランスの文化人類学者クロード・レヴィ＝ストロース（Claude Lévi-Strauss）は，著作『親族の基本構造』において，音を対立関係で捉える言語学の音韻論を援用して親族関係を分析し，社会構造は人間主体によって能動的に創りだされるのではなく，逆に，人間の意識を超えたところで働く無意識の構造によって規定されるのであり，構造の作用や関係の結節点としてのみ人間主体が存在すると指摘した。このような構造主義の認識論は，それまでの文化の実体的認識を覆し，さらにはヨーロッパの近代思想の根幹をなしていた理性的主体中心主義を完全に否認するものであった。構造主義は，私たちをとりまくあらゆるものを，言語によって意味を与えられた結果としてそこに存在するものと見なす。したがって「世界」もまた言語によって作り出された文化的構成物であり，個別文化の数だけ「世界」が存在することになる。1962年の著作

『野生の思考』で彼は、「歴史的・地理的にさまざまな数多くの存在様式のどれかただひとつだけに人間のすべてが潜んでいるのだと信じるには、よほどの自己中心主義と素朴単純さが必要である」(レヴィ＝ストロース 1976: 299)と歴史を発展段階論としてとらえるヨーロッパ中心主義思考を批判した。このようなレヴィ＝ストロースの構造人類学は、文化研究だけではなく人間諸科学、哲学などに広く影響を及ぼした。ミシェル・フーコー (Michel Foucault) は、構造と人間主体形成の変化の系譜学的分析を提起し、ジャック・デリダ (Jacques Derrida) は、言語の意味の流動性に注目し、構造化過程はつねに不確定、不安定でずれを含むことを指摘した。また、ジル・ドゥルーズ (Jilles Deleuze) とフェリックス・ガタリ (Félix Guattari) は、生成やリゾーム*1概念で変化を捉え直そうとした。彼らは、構造を静態的かつ不変の本質と捉えない構築主義的思考を推し進めることによって、構造主義の科学認識論的限界を越えて現実の社会関係や文化の変化を説明し、それを変革するという実践的課題に立ち向かおうとしたのである。

文化の政治性とカルチュラル・スタディーズ

　上述のように、植民地主義的介入は、文化／自然という二項の非対称な対立の図式で正当化された。この図式は、優位の側による劣位の側の支配、排除を正当化するだけではなく、普遍主義のもとで劣位の側がこれを内在化すると、実際には非対称な現実があたかもごく「自然」な状態であるかのように受け入れられてしまう。優位の側の主張を、劣位の側が普遍的なものと認識するのは文化という装置の働きによるものである。1950年代イギリスで誕生したカルチュラル・スタディーズはこのような文化の装置を分析する文化研究、言い換えれば、文化の政治性に注目する文化研究である。20世紀初頭から、産業発展によって大量生産・大量消費型の生活様式、教育が労働者階級にも普及していくと、上流階級だけが文化を持っているという従来の見方に疑問がもたれるようになり、労働者階級、一般大衆の文化を含めて広義に文化を認知しようという動きが生じた。その結果1960年代からバーミンガム大学の現代文化研究センター (CCCS) を中心に、大衆文化、若者文化、サブカルチャー、メディアなど

多様な文化領域において,階級,ジェンダー,人種など複数の分析カテゴリーを生成的,交差的に用いる領域横断的で折衷的な方法論と,参与観察や聞き取り調査を重視する文化研究が,展開されるようになった。文化の有/無という区分は,まず文化を実体的な本質と見なし,次いでその有無を差異指標として人間を差異化することである。カルチュラル・スタディーズは,文化を,それを通して社会秩序が伝達され,再生産され,経験され,探求される意味生産作用のシステムという構築的概念で捉える。これによれば,文化的実践は,既存の社会秩序を表現するのではなく,新たに構築していく行為となる。ゆえに,文化/政治・経済という対立は解消される。このような秩序構築過程は,階級,人種,エスニシティ,ジェンダー,セクシュアリティ,宗教,年齢など多様で複合的な差異がせめぎ合い,交渉しあう場であるから,その力関係を動態的に読み取ること,つまり文化の政治性が文化研究の対象となる。カルチュラル・スタディーズは,非文化として排除された側の文化的実践に注目し,そこに文化の実体性,一元性,領域性を解体する契機を動態的に読み取ろうとする文化研究である。

3 ディアスポラ——文化に起源と領域はあるのか

ディアスポラという言葉

この言葉の語源は,ギリシャ語の動詞 dia-speirein「様々な方向に種をまく」にあり,12世紀頃からユダヤ人の離散を語る言葉として使われてきた。しかし,グローバル化のもとで,1980年代から「ディアスポラ=離散」は,様々な理由で様々な形態の移動を経験した人々の生活文化や意識を捉える言葉として広い文脈で使われるようになった。ジェームズ・クリフォード (James Clifford) によれば,「ディアスポラ」は,1970年代からの大規模な国際労働力移動の結果として生じた国家や文化,地域の接触領域の特徴を描きだすためとして登場してきた一群の記述的,解釈学的用語のひとつであり,より長い移動距離と離散,故郷への帰還はタブーか遠い未来への延期を前提とする。そして多地域的なディアスポラ文化は必ずしも特定の地政学的境界線によって定義されない(クリフ

ォード 2002: 278-280)。グローバル化のもとでは，世界のあらゆる地域に，移動経験を持つ人々が「移民」immigrant,「移動者」migrant,「亡命者」exile,「難民」refugee とさまざまに名づけられたり，名乗ったりして生活している。「ディアスポラ」とは，そのような人々が離散の旅の過程を振り返りながら，「いま，ここ」にいる自分と自分がここに留まる意味を問い，答える行為を，文化的実践のプロセスとして分析するための概念なのである。

「黒い大西洋」

　ヨーロッパ列強による奴隷制砂糖プランテーション植民地経営は，すでに先住民がほぼ絶滅されていたカリブ海地域で17世紀にはじまったが，以降，プランテーションの労働力として3世紀にわたってアフリカから約1000万人が，黒人奴隷としてカリブ海島嶼，南北アメリカ大陸に強制連行された。これは近代における最初の大規模な国際労働力移動である。19世紀中期から奴隷制度は廃止されはじめるが，代替労働力としてインドや中国から年季契約移民が導入され，白人，混血，黒人から成っていたカリブ海地域の人口構成と文化の混淆はより複雑化した。20世紀になると，プランテーション経済は衰退し，アメリカ合衆国内部では南部から北部へと大規模な黒人人口移動が起こり，カリブ海島嶼からは欧米地域への移民が始まる。かつてアフリカからアメリカ大陸へと大西洋を渡ることを余儀なくされた黒人たちは，ふたたび，今度は欧米諸国の低賃金労働者として，大西洋を越えていくことになった。

　今日のカルチュラル・スタディーズの先導者のひとりであるポール・ギルロイ（Paul Gilroy）は，つねに移動を余儀なくされ，いたるところで人種差別にさらされてきた黒人の文化的実践を，「黒い大西洋」（『ブラック・アトランティック──近代性と二重意識』1993年）という新たな概念でとらえた。彼は，黒人知識人が構築してきた反人種差別思想，文学，音楽などの文化的営みの歴史的過程を再検証し，黒人文化とは，幾度も大西洋を航海してアフリカ・アメリカ・ヨーロッパを結びつける船のように，黒人たちが国家領域を越えた空間を移動しながら自分たちの「黒人」というアイデンティティを戦略的に構築して社会的連帯を図り，人種，ジェンダー差別に対抗してきた文化的実践のプロセスである

と言う。ゆえに、近代における大西洋は「黒い」のである。そして、この「黒い大西洋」は、近代西欧の公共圏*2と不可視に並列してきた「もうひとつの公共圏」をなしていた。従来、黒人文化は、アフリカに起源をもつ一元的な文化であるかのように見なされてきた。しかし、奴隷船に積み込まれた時点で黒人にとってのアフリカは、もはや記憶において共有するしかなくなった「起源」roots となり、黒人たちはそれをアイデンティティ形成と社会的連帯のてことして、「国民」としての存在を否認されながらも「いま、ここ」まで生き抜いてきた。この生の行為の総体のとしての「経路」routes が黒人文化である。上野俊哉は、ルーツ（起源）とルート（経路）を対立的でなく「あるダイナミズムをはらんだひとつの空間」に潜在する2つの契機としてみることで「黒い大西洋」の豊饒な歴史は浮かび上がってくるのだと指摘する（上野 2002: 201）。グローバル資本主義の進展による黒人内部の階級分化、移民の多様化、多文化主義が本質化した文化の承認に収束しつつある現状に対応して、ギルロイは、さらなる分析概念として「キャンプ*3」camps や「共歓*3」conviviality を提示し、今日のディアスポラの抵抗文化的実践を捉えようとしている（ギルロイ 2009）。

ディアスポラの身体

カリブ海島嶼セント・キッツに生まれ、イギリスのリーズで育った作家キャリル・フィリップス（Caryl Philipes）のエッセイ集『新しい世界のかたち——黒人の歴史文化とディアスポラの世界地図』(2001年) は、合衆国、アフリカ、カリブ、英国という4つの章と終章「帰属への大いなる不安」から構成されている。各章は、彼が「そこ」で出会った作家や思想家、政治的、社会的事象についての批評から成り立っているのだが、彼にとって「そこ」の事象は決して「そこ」の時間と空間に収束することはない。例えば、彼は4章：英国において、1958年にまだ20代だった自分の両親が、「赤ん坊だった僕とほんの少しの荷物」と「狭いカリブでは手に入らない人生をつかめるようにとの願い」を携えてイギリスに足を踏み入れ、「何世帯もが同居し」、「トイレは屋外の通りの突き当たりにある」、「西インド移民が暮らした典型ともいうべき家」に住み、「敵意と差別を耐え忍びながら」、イギリス経済の「再建に一肌ぬごう」として生きてきた、

やがて1970年代になり，「彼らのこどもの世代，つまり僕の世代」になったが，イギリス社会の人種的偏見は変わらなかった．でも「僕らは両親たちとは違っていた」．なぜなら「彼らはいつの日か「故郷に帰る」夢で自分を支えられたけれど，僕たちはすでに故郷にいるのだった．他に行くところはなく，そのことをイギリス社会に告げなければならなかった．」と語る（フィリップス 2007: 344）。しかし，そう語る彼は，2章：カリブでは，「父方の祖母の写真をみて，彼女の面立ちにインド系の特徴があるのに衝撃を受け」，セント・キッツの飲み屋で弟と座っていた時に，目の前に座っている男が，ポルトガルのマデーラ島からやってきたユダヤ人貿易商の子孫で「亡くなったときかされていた母方の祖父」であると教えられ，自分のことを「カリブ的状況のエッセンスというべき文化の雑種性の具現」，「手のつけようもないほどの「混血」だ」と思っているのである（フィリップス 2007: 194）。つまり，フィリップスの身体は，どこにあっても大西洋を挟む四つの地域の時間と空間に宙吊りになっており，ここ／そこという境界線を無効にしてしまうディアスポラの身体としてある。

4　クレオール——文化の異種混淆と生成

クレオールという言葉

　上述したように，文化の複数形の認識は，領域内の文化が一元的であることを前提としていた。この前提は，ほんもの／まがいもの，純粋／雑種という二項対立での文化の価値づけを導き，まがいもの，雑種的な文化[4]を，領域性を攪乱するものとして排除，否認する。ところが皮肉なことに植民地主義的拡張によって，ヨーロッパは自ら一元的文化概念の普遍性を攪乱する存在を生み出していた。クレオールの語源はラテン語の「育てる，飼育する」という動詞 creare のイベリア方言 criar であり，その名詞形「クリオーリョ」criollo は16世紀スペインの植民地において現地生まれの白人を指す語，のちに黒人奴隷を含めて現地生まれの人間全般を指す語として使われはじめ，17世紀からはイギリス領で「クリオール」creole，フランス領では「クレオール」créole として同様に使われ，さらに形容詞として植民地生まれの人々の言語，音楽から料理に至

る生活文化のすべてを指す語となった。つまり，アメリカ両大陸，およびカリブ海島嶼の植民地では，先住民，そしてヨーロッパ，アフリカ，のちにはアジアから渡来してきた人々とその文化・言語が混淆して「植民地人の文化」が生み出され，それを担う人間も含めて「クレオール」と総称されたというわけである。ここではまず，「クレオール」が，生物学的な混血・雑種と文化的なそれを同時に含意することに留意しておく必要がある。奴隷制植民地における生物学的混血は，白人男性を絶対的優位とするジェンダー秩序の暴力的結果なのであり，ジェンダー化された「植民地人の文化」を一元的に捉えることはできないからである。植民地主義支配のもとでは，宗主国だけでなく植民地の人々自身も，クレオールをまがいもの，雑種として否認し，また逆に，宗主国からの分離・国家独立運動においてはクレオールと名乗り，確立されるべき国民文化としてクレオール文化を掲げるという具合に，クレオールという語は否定的にも肯定的にも用いられてきた。これが文化を異種混淆的なるもの hybrid として捉える概念として認知されるようになったのは，ようやく1980年代末のことであり，その契機はカリブ海島嶼マルティニクの思想家であるエドゥアール・グリッサン（Edouard Glissant）の「クレオール化」créolisation，言語学者ジャン・ベルナベ（Jean Bernabé）らの「クレオール性」créolité という言語に基盤をおく文化的アイデンティティの議論の提起にある。彼らは普遍性，単一言語主義，純粋性，文字性の優越の虚構とヨーロッパ中心主義を拒否し，ヨーロッパ／アフリカ，カリブ海地域／ヨーロッパといった二項対立的認識を超越し，二者択一ではなく混在のままのクレオールを認知しようと主張した。これによって，クレオールはアメリカ，カリブ海地域のローカルな領域を越えて，グローバルに文化を異種混淆性としてとらえる文化分析概念となったのである。

異種混淆の言語としてのクレオール

　言語学でいう「クレオール」とは，ヨーロッパ諸語と非ヨーロッパの接触によって起こる言語変化（クレオール化）から形成された複数の独立言語の総称である。アフリカからアメリカの植民地に強制連行されてきた人々の母語は，すでに奴隷船に積み込まれた時点から奪われていた。プランテーションにおい

て，彼らは植民地支配者の言語であるヨーロッパ諸語のさまざまな周辺的言語変種を自己流で身につけた（近似的習得）。やがてそれが中心モデルとの接触を失い，自立化して，クレオールが成立したと考えられている。統語法にはアフリカ諸語の影響が見られ，語彙的にはヨーロッパ諸語が卓越する。すべてのクレオールは日常語として，国家語または公用語としてのヨーロッパ諸語に対して下位に置かれてきた。したがって，クレオールが話される地域は，ヨーロッパ諸語とクレオールが併用（バイリンガル）または分用（ダイグロシア）される多言語環境となる。ところが，長い間クレオールは，ヨーロッパ諸語の方言，田舎言葉，幼児言葉，粗野な言語スタイルなどと見なされてきたので，この地域の人々は，多言語運用者という自己認識を持つことはなかった。この意識が変化しはじめたのは，1970年代後期からの小アンティール諸島島嶼の政治的独立にともなってカリブ海地域ナショナリズムの高揚するなかでフランス語系クレオール文化の復権運動が展開されたからである。この運動の結果，クレオールが独立言語であるという言語学の知見が広く普及し，教育機関やメディアでのクレオールの使用は拡大していった。

クレオールの「居心地の悪さ」を引き受けて生きる

　マルティニクの人々は，フランス語とフランス語系クレオールの分用者である。分用とは，併用とは異なって語彙的なレベルでの同一性を共有するフランス語とクレオールが序列的に共生し，つねに優勢言語コードから劣勢言語コードへの語彙的な浸透が起こるが，それは総体的なコミュニカティヴなネットワークにおいては相互補完的な配分であり，勢力範囲が重なり合うことはないと定義されている。人々は，フランス語でしか表象できない空間とクレオールでしか表象できない空間に分断されている世界を，つねに2つの言語コードを切り替えながら生きているわけである。例えば「家」のことをクレオールでは「カイ」kay，フランス語では「メゾン」maisonと言う。農民や都市下層の人々は，植民初期にフランス人入植者によって持ち込まれ，奴隷制プランテーション期には奴隷の住居とされたフランス語で「カーズ」caseと呼ばれる可動式の方形の木組み小屋を住居としてきた。砂糖キビは連作を嫌うので畑の位置はつ

ねに変動し、それに対応して奴隷の「カーズ」も移動可能でなければならなかったのである。「カーズ」の住人は、これは「仮のカイ」にすぎない、いつかは土台に固定された「ヴレ・メゾン（真正な家）」に住むのだと言う。可動式である「カーズ」は「メゾン」ではない。したがって、クレオールでは「カーズ」の住人はいまだ「カイ」＝家を持たないことになる。しかし、フランス語では、「カイ」と「メゾン」が同格となる場合がある。グリッサンは、グアドループの白人クレオール詩人サン＝ジョン・ペルス（Saint-John Pérse）の詩における「これらの岩礁 ces cayes, 私たちの家々 nos maisons」という表現を取り上げ、魚の棲みかであり、漁師の生をつなぐ場所としての岩礁であるクレオールの「カイ」＝家とフランス語「メゾン」＝家は同格であり、これはフランス語がクレオール化している例だと言う（グリッサン 2007: 72）。つまり、分用における二言語は、完全に分断されているのではなく、その境界は不透明で、つねに相互浸透的なのである。マルティニクの詩人、エメ・セゼール（Aimé Césaire）は、「二つのマルティニクが存在する。そのことについてはどうしようもないのだと思う。われわれはこのように生まれてしまったのだから。居心地のよくないマルティニク人、居心地のよくないアンティール人として存在するのだということはよく自覚している」(Césaire 2005: 28-29) と語る。二言語分用で生きるとは、二言語の混淆の「どうしようもなさ」、「居心地の悪さ」、グリッサンが言う「もつれあいの一つの様式」（グリッサン 2000: 116）を引き受けて生きることなのである。

5　ポストコロニアル──文化の複層的な時間・空間認識

ポストコロニアルという言葉

　「あなたはどこから来たのですか」という問いを、自問としてみよう。その時、私たちは「いま、ここ」の自分が過去との、それは他者が生きてきた時間でもある、連続性にあることを認識するだろう。3で見たフィリップスのディアスポラな身体、4で見たクレオール話者たちの「居心地の悪さ」は、植民地主義支配という過去の具現としての「いま・ここ」なのである。したがって、「ポストコロニアル」とは、「いま・ここ」の人や事象を、「はるか彼方」の近代植民地

主義支配との関連において捉え,それをよりよい未来に向かって開こうとする複層的な時間・空間認識ということができる。1980年代にこの複層的な時間・空間概念が出現した理由は,グローバル資本主義の進展のもとでの国民国家の領域性の揺らぎ,旧植民地からの移民の急増,また世界の周辺地域での難民たちの窮状の顕在化という「いま・ここ」の現実が,私たちに近代の植民地主義支配を支えた認識論の問い直しを促したからである。私たちはすでに,ディアスポラとクレオールという文化分析概念が,近代における文化の一元性と領域性認識を覆すさまを見てきた。ここでは,ポストコロニアルという文化分析概念がどのように近代の一元的時間・空間認識を覆すのかを見ていこう。

「正典」の沈黙に声を与える読みとは

　イギリス委任統治下のパレスチナに生まれて,「わたしにはどうしようもないさまざまな理由で西洋の教育をうけたアラブ人として成長し」,「二つの世界のどちらにも完璧に属しているわけではないと感じ」ながら,「きわめつきの故国喪失者の都市ニューヨーク」(サイード 1998-2001: 1巻27-28)に暮らした比較文学研究者エドワード・サイード(Edward Said)は,1978年の著作『オリエンタリズム』において,本章1に挙げた東洋学の批判を行った。サイードは,「オリエンタリズム」とは,北アフリカから東アジアにわたる地域を「オリエント」と総称し,それがヨーロッパ世界の「境界線の外側に横たわっているがゆえに矯正され,さらには罰せられる」(サイード 1993: 上巻157)ことを正当化する知の体系であり,現実の植民地支配の政治に深く関与してきたと言う。ヨーロッパは,東洋／西洋の対立図式によって文化的に自己の政治的優位性を確立したわけである。1993年の著作『文化と帝国主義』では,東洋／西洋の静態的な対立認識を越えて,中東地域からさらにカリブ海地域,アジア,オーストラリア,また西洋の宗主国内部の他者化の表象とそれに対する抵抗的文化実践が,複層的時間・空間認識において分析されている。サイードは,近代ヨーロッパ諸国の文学の「正典」と見なされているような作品を読むときに「視野を広げ,強制的に排除されているものをふくむように」読む,つまり帝国主義支配とそれに対する抵抗という2つのプロセスを考慮する「対位法的読解」が必要だと主張す

るのである（サイード 1998-2001: 1巻137-138）。

「正史」はありうるか

　マルティニクの歴史学者ガブリエル・アンチオープ（Gabriel Entiope）の1996年の著作『ニグロ，ダンス，抵抗──17〜19世紀カリブ海地域奴隷制史』は，舞踊史ではなく奴隷制史である。奴隷たちには「読み書き」の教育機会はまれにしか与えられず，まして自ら文書を遺す機会はなかった。従来の奴隷制史は，宗主国の法制，経済，統治文書史料分析であり，そこでの奴隷は「財化」，「非人間化」され，「社会的な死」の様相としてのみ捉えられた。また被植民者側の歴史学的記述は，哀れな犠牲者か，逆に奴隷の文化的創造性，情緒，政治的意志を過度に強調するものが大半であった。アンチオープは，このいずれにも与せず，沈黙させられた声を聞き取るためにダンスという身体的文化実践の歴史学的研究を試みる。支配者にとって奴隷のダンスは，奴隷制維持のための安全弁として奨励すべき娯楽であり，またダンスに狂うニグロというイメージの喧伝は，黒人を文化的に否認し，人種差別イデオロギーを補強する方策でもあった，そしてアフリカから連行されて「ニグロ」化された人々にとってのダンスとは，奪われた文化をヨーロッパ音楽文化との混淆において再構成する日常実践でもあり，自由に向かって逃亡する手段としての身体空間構築の文化的実践でもあったことを，彼は植民地と宗主国，奴隷と奴隷主の複層的な時間・空間認識において検証する。それは「史料の記述を別の行間から，逆の視点から」読む（アンチオープ 1997: 121），学際的研究方法によって，新聞広告や版画などの表象分析，口承芸能，音楽など多様な「資料を読む」ことで可能になった。そして，結論において彼は，逃亡する奴隷のイメージは，抵抗と自由，社会的無秩序の表象として今日のカリブ海地域人の集団的記憶のなかにいまだに深く根を下ろしており，「いま・ここ」で政治的課題に立ち向かおうとする人々はその歴史を必要としているのだと言う（アンチオープ 2001: 242）。その歴史とは，「家畜同然の状態にあった奴隷はなぜ踊ったのか」，「プランテーションの外に逃亡しなかった奴隷はただの無気力な従属者だったのか」という問いに答えるための奴隷制史，語られも書かれもしなかった奴隷の逃亡する主体構築の歴史なの

である。

〈用語解説〉

＊1　リゾーム　rhizome
　　地下根茎のように中心を持たず多方向的に生成的に繋がっていく思考。
＊2　公共圏
　　ユルゲン・ハーバーマス（Jürgen Habermas）が展開した概念。18世紀にはじまる市民による公共の意見交換の場。
＊3　キャンプ，共歓
　　前者は人種・エスニシティなどでの差別によって人間を管理・統制する空間概念，後者は，前者の解体をもくろむ多文化の共存共生と相互作用のプロセス。
＊4　雑種的な文化
　　19世紀の人種理論用語のhybridは，20世紀後期に雑種性hybridityという名詞形で，遺伝学用語であった異種混淆heterogeneousとともに言語・文化の混淆現象を指す語として使われるようになった。

〈参考文献〉

アンチオープ，ガブリエル　1997　「インタヴュー　歴史とクレオール」『現代思想』21(11)，112-122頁
―――― 2001　『ニグロ，ダンス，抵抗――17～19世紀カリブ海地域奴隷制史』（石塚道子訳）人文書院
上野俊哉　2002　「ディアスポラ理論における歴史の文体」『歴史を問う3　歴史と空間』（上村忠男他編）岩波書店，191-234頁
ウォーラーステイン，イマニュエル　2006　『入門世界システム分析』（山下範久訳）藤原書店
ギルロイ，ポール　2006　『ブラック・アトランティック――近代性と二重意識』（上野俊哉他訳）月曜社
―――― 2009　「文明主義に抗う」『黒い大西洋と知識人の現在』（小笠原博毅編）松籟社，33-67頁
グリッサン，エドゥアール　2000　『〈関係〉の詩学』（菅啓次郎訳）インスクリプト
―――― 2007　『多様なるものの詩学序説』（小野正嗣訳）以文社
クリフォード，ジェームズ　2002　『ルーツ――20世紀後期の旅と翻訳』（毛利嘉孝他訳）

第Ⅰ部　ナショナルからグローバルへ

　　月曜社
サイード，エドワード 1993　『オリエンタリズム』上・下（板垣雄三・杉田英明監修，今沢紀子訳）平凡社
─── 1998-2001　『文化と帝国主義』1・2（大橋洋一訳）みすず書房
ハーヴェイ，デヴィッド 1999　『ポストモダニティの条件』（吉原直樹訳）青木書店
フィリップス，キャリル 2007　『新しい世界のかたち──黒人の歴史文化とディアスポラの世界地図』（上野直子訳）明石書店
レヴィ＝ストロース，クロード 1976　『野生の思考』（大橋保夫訳）みすず書房
─── 1977-78『親族の基本構造』上・下（馬渕東一他監訳）番町書房
Césaire, Aimé 2005　*Nègres je suis, nègre je restrai: Entretiens avec Françoise Vergès*, Editions Albin Michel, Paris.

〈発展学習〉

本橋哲也 2002　『カルチュラル・スタディーズへの招待』大修館書店
　具体的な事例から文化の政治性分析方法を解説。文献紹介も充実している。

コンデ，マリーズ 2001　『越境するクレオール──マリーズ・コンデ講演集』（三浦信孝編訳）岩波書店
　クレオール話者であるグアドループの女性作家によるジェンダー視点からのディアスポラ，クレオール・アイデンティティ論。

スピヴァック，ガヤトリ 2003　『ポストコロニアル理性批判──消え去りゆく現在の歴史のために』（上村忠男・本橋哲也訳）月曜社
　グローバル資本主義のもとで最底辺にある女性たちとの連帯の可能性を拓くためのパワフルな批判的ポストコロニアル論考。

第**3**章

グローバル経済は何をもたらすのか

足立　眞理子

1　日常生活の中のグローバル経済

手元の2枚の写真から

　今，私の手元には2枚の写真がある。私はこの写真に写っている2人の女性たち，国籍も年齢も学歴も異なる，AさんとJさんについて，ここでの話しを始めたいと思っている。この2人の女性たちは，どちらもお互いを知らないし，今後も知り合うことは多分ないであろう。そして，お互いが何か関係することがあるとも，おそらく思わないのではないかと，私は写真を見ながら，勝手にも想像している。

　Aさんは，中国・上海から車で1時間ほどのところにある，日系の縫製工場で働いている20歳の女性の工員である。このところ脚光を浴びている日本のファストファッション企業のコットンパンツを受注している工場に，安徽省の農村から，中学を卒業後に，仲間数人と共に集団でバスに乗って来たという。この工場では2年前から働いており，髪形はこの工場近くで染めた，目をひく金髪のウルフカット，流行のダメージ・ジーンズをはきながら，昼食の休憩を知らせるベルがなった後でも黙々とひとりで仕事を続けている。「食堂が混んでいる最中は行っても待つので，仕上げてしまう」というような仕事熱心さを持ち合わせている。

　Jさんは40代の女性で，フィリピンの北部の山間地帯の出身であり，4年制大学を卒業し結婚，女の子1人を出産した後に，娘を夫に預けて，上の姉の紹

介により日本にやってきた。もうかれこれ20年間近く，外国籍のエグゼクティブ・ビジネスマンの家事労働者として東京で働いてきており，東京での生活にもすっかり慣れている。

　この2人の女性たちには，一見する限りでは関係するものは何もないように見える。私がこの女性たちに出会ったのは単なる偶然にすぎないかもしれない。偶然というものじたいも，時に決定的な瞬間よりも一層そのように感じられるかもしれないと思えるからだ。中国のAさんとは，日本にいてはおそらく会うことはなかっただろう。Jさんとは日本にいても出逢えなかったかもしれないのである。

　しかしながら，果たしてそうなのだろうか。

　グローバル化の時代といわれる今日において，どのような経路のなかで，2人の女性たちが，そして日本に居住している私たちをも含めて，お互いが知らず知らずのうちに構造的に結びついているのかを，ここではグローバル経済ということを手掛かりとして，考えていきたいと思う。

日常生活とグローバル経済

　今日，私たちの日常生活がグローバル経済と切り離せないものだということはいうまでもないであろう。実際，日本で居住する私たちの日常生活の中で，何気なく使用し，日々当たり前のものとして便利に消費している物品の多くは，グローバル経済の進展によってもたらされているものだといえるからである。

　石油や天然ガスなどのエネルギー資源，鉄鉱石からレア・メタルにいたる鉱物，木材や食料といった資源や第一次産品の多くは，海外からの輸入品に依存している。コメや乳製品などを除くと，日本の食糧自給率が先進国中でもきわめて低水準にあることは長年指摘されてきていることである。一方では途上諸国からの果物や海産物などを現地買い付けして輸入し，高価格で販売していることは，今日，公正な価格での貿易取引を求める声と共に，資源枯渇や環境保全などの観点からみても問題になっていることはいうまでもない。

　近年では，ファストファッションと呼ばれる，伸縮する素材などを使った流行のデザインをほどこした衣服に人気がある。発注してから短期間に次々と海

外受託工場で生産される上着やデニム，スーツなどの衣料品は，その低価格によって多くの若者を惹きつけており，この不景気の中でも衰えない売上高を誇っている。Aさんは，まさにその受託工場で，日本向けファストファッションのコットンパンツを縫っているのである。また家電，自動車，IT関連グッズなどは，たとえそれが最終的には日本で加工され，日本製商品と呼ばれている場合であったとしても，内部の部品生産や部品の組み立て・加工する工程などでは，海外の生産拠点にある工場で生産された財を使用している場合も多い。日常生活では，それらの部品が実際どこで誰によってどのように組み立てられているかなどは，ほとんど気にせずに購入し，消費しているのが現実であろう。

　また，海外投資家の投資する資金の動向によって，株式市場では，日本の上場企業の株価が高低し，為替相場での各国通貨価値は日々変動している。国際金融市場の動向は，日本の国内企業活動は言うに及ばず，Jさんの雇用主である外国籍エグゼクティブ・ビジネスマンの仕事先である日本で活動する外資系企業に対しても，そしてそこで働く人々の雇用関係や雇用形態，賃金水準にまで，直接的・間接的に影響を与えているといわなければならない。さらに，これらの株式や債券，あるいは各国の通貨価値の動きは，退職金などを株式や社債などに投資している個人投資家にとっては，余裕資金というよりは，年金生活の不足分を補うものとしての老後の生活資金であったりする場合もあるだろう。自国通貨の価値の変動は，例えば海外渡航数や行き先などの選択においても勘案される事柄であることは間違いない。

2　グローバル経済とは何か

グローバル経済を定義する

　このように，私たちの日常生活にグローバル経済は大きな影響を与えている。通常では，グローバル経済は，モノ（商品）・カネ（資金）・ヒト（労働力）が，国民国家の枠を超えて国際的に移動しつつ経済活動を行うことであると言われることが少なくない。しかしながら，さらに考えてみると，それだけでは，今日のグローバル経済を必ずしも適切に言い表せているとはいえない点が多々浮か

び上がってくる。というのも、そもそも私たちが今日生きている資本主義世界システムというのは、その起源といわれる16世紀ごろまで遡ってみても、その当時から国民国家の内的な動力のみによって生成・発展してきたわけではない。大陸間を横断する国際的な商品貿易といった、いわゆる重商主義的な活動などを、大きな要素として生まれてきたことは周知のことであろう。しかも、国内ばかりではなく海外への投資を行い、そこで働く労働者もまた国境を越えて移民したり強制的に移住させられたりしてきたのである。つまり、モノ・カネ・ヒトが国際的に移動し活動するという現象は、むしろ資本主義世界システムの一貫した性格なのであって、これにより、現代のグローバル経済の特徴を示すことにはならないのである。

そこで、今日、グローバル経済というときには、主に1960年代末以降に展開してきた、企業・金融・情報のグローバル化をとおして、各国・各地域における経済関係が、①財とサービス取引を含む商品貿易、②工場設立などの直接投資および株式市場などをとおした間接投資という資金・資本投資、および③様々な形での人・労働力の国際・国内移動という、3つの側面において、直接的・間接的に非常に緊密となり、相互依存性が急速に高まっているような状態を指す、というようになってきている。また、そのようなグローバルな経済活動を基盤としつつ、一国や一地域における事象が国境を越えて互いに政治的・文化的・社会的に影響しあい、相互依存や相互参照を繰り返しつつ、混成化・混淆化し、協調と緊張のダイナミズムが生まれること、その中で、経済活動もまた常に、それらのダイナミズムに規定されつつ、歴史的かつ経路依存的に変容していく過程を、グローバル化と言い換えることができるであろう（サスキア・サッセン（Saskia Sassen））。

多国籍企業と新国際分業

このように、1960年代末以降の今日までの世界経済を、現代のグローバル経済としてとらえていくと、実は、それ以前とは異なったある特徴を見出すことができよう。

その特徴の第1は、グローバル経済の中の企業の活動というときに、そのア

クターとして，多国籍企業 transnational enterprise の比重が高まったということである。多国籍企業とは，「国民的枠組みを越えて，2つないしそれ以上の国において付加価値生産活動を所有ないし支配している企業」であり，国連社会経済会議で公用語として使用され，今日定着した用語となるに至っている。この多国籍企業活動には，投資者の属する国以外の経済で活動する企業にたいして，①永続的な利害関心をもち，経営を支配する直接投資をおこなっている場合，および②経営支配権を伴わない債権と企業株式の購入をとおした証券投資や，銀行などによる貸付投資を行っている場合，さらに③その両方を行う場合が存在している。しかしここで最も特徴的なのは，最初にあげた①直接投資を行うことにより，工場などの生産立地を，世界的な規模で選択・拡張していく点にあるといえるであろう。中国のAさんが働く縫製工場は，日系資本による直接投資によって90年代に地元中国企業との合弁関係を結ぶことにより，上海近郊に設立された，典型的な①型の多国籍企業なのである。そして重要な特徴としてあげることができるのは，これらの多国籍企業の海外子会社の活動による海外生産額（あるいは販売額）は，今日では，主な投資者であった先進諸国からの商品輸出を上回るような巨大な規模になってきていることである。1992年の国連報告で，80年代末には多国籍企業の海外子会社による販売額は，既に世界貿易輸出額の1.8倍に達していると述べられている。これを象徴するのが，たとえば，Aさんが働く日系縫製企業をみても，日本での自社縫製工場を2000年代に入ってからは閉鎖してしまっており，日本ではもはや何も製造していないという事実である。経営中枢機能のみが日本に残されているのである。つまり，日本本社から海外に向けた縫製衣料産品の海外輸出は全くないのである。そして，このような多国籍企業による海外生産拠点である子会社と本社，あるいは子会社間の取引は，国際貿易でありながら企業内取引であるという，企業内国際貿易あるいは企業内国際分業という特殊な性格を帯びているのである。

　この企業内国際分業の特徴とは，本社と子会社，子会社間の取引において企業の内部価格，つまり市場での取引とは異なる価格付けによる取引によって相互に財とサービスを調達しうるということである。それによって，多国籍企業総体での利潤を追求し，税支払いや原料・運輸・通信などのコストを抑制し，

また投資先の国や地域において労働ストライキや労賃上昇による圧力，さらには，労働者にとってより良い労働条件の要求や法制化が起きた場合には，工場そのものをさらに低廉な賃金で雇用しうる海外へ移転することによって対応する。つまり国境を越えるとともに国境を利用しつつ，様々な活動が選択可能である企業体，これが多国籍企業の性格であるといえよう。これらは，いうまでもなく，多国籍企業にとってのリスク回避を行うように国際的に行動するということであり，近年になって提唱されている企業の社会的責任の問題は，これら多国籍企業体の行動様式に対する，投資を受け入れた当該地域・社会の側からの異議申し立てという側面を含んでいることは，見落としてはならないであろう。

特徴の第2は，グローバル経済の主要なアクターが多国籍企業であるというときに，ここで行われている企業活動の特徴は，世界史上初めて古典的な国際分業（先進国による工業製品輸出と途上諸国による第一次産品）に代わって，途上諸国・諸地域による世界市場向け工業生産の開始，つまり生産過程の国際化を基礎に進展してきた新しい国際分業として組織化されてきたということである。

通常，新国際分業 NIDL：New International Division of Labor の生成・発展としてあげられるのは，次のような特徴である。すなわち新国際分業 NIDL とは，従来，先進諸国に集中していた製造工業が，大量の規模で途上諸国，周辺諸地域に移転・再配置される，つまり生産の再配置 relocation of production が行われ，途上諸国における輸出指向型工業化による世界市場向け工業製品生産が可能となった状況を表わすといわれている。要するに，生産の国際化・多国籍企業の企業内国際分業が，加速度的，重層的，かつ拡張的に進行している事態を示すものである。

この現象を，フォルカー・フレーベル（Folker Fröbel），ユルゲン・ハインリヒス（Jürgen Heinrichs），オットー・クレイエ（Otto Kreyer）らのグループが，ドイツ資本の国際的展開の現状分析の成果として，「新国際分業 NIDL」の進展として理論化するとともに，これらの現象は，従来の景気循環的文脈では理解されえない世界経済の構造的変化をあらわすものであると指摘したのであった。彼らによれば，NIDL における製造工業の生産過程の特質は，ひとつの複雑な製造工程が部分的に分断・単純化されており，その部分的工程が，資本にとって

第3章　グローバル経済は何をもたらすのか

最も有利な地域に世界的に配置されていく。一方では，分断化された工程の担い手として途上国・周辺諸地域は，もっぱら世界市場向け生産のための労働力供給源として統合されていく。そして，この典型が輸出加工区における多国籍企業による製造工業である。つまり，実は，Aさんの勤める日系縫製企業こそ，この典型形態にほかならず，そしてAさんこそが，このグローバル経済の新しい国際分業を担う，主要な現業労働力の1人であるということを意味しているのである。

　そして，このような世界的規模での生産の再配置には，3つの前提条件が必要であり，その前提条件とは①世界的規模での潜在的労働力の貯水池が形成されたこと，②技術と労働組織の改編による「非熟練」労働力によっても可能な生産過程の単位工程への分割，③通信・情報技術の進歩による生産立地と管理機能の空間的制約からの解放，といわれており，これらの個々の要素はそれぞれに徐々に発展してきたものであるが，この3つがフルセットで同時に出現したとき初めて可能になったという。

　そして，この新国際分業 NIDL の生成と発展の帰結として，先進諸国の労働者はいまやその仕事〈job〉において途上国の労働者と競争することを余儀なくされ，失業や労働条件の悪化がもたらされるであろうこと，また生産立地や工場誘致における競争が，世界的な規模で行われるとともに，投資受け入れ地域の当該社会の改編が顕著に進んでいくことになると指摘したのである。

　この指摘は，その後の90年代，2000年代の多国籍企業活動の一層の展開過程において証明され，先進諸国からますます途上諸国への資本移転が進み，先進国での雇用が喪われた結果の高失業率は，今や中高年層ばかりではなく若年層の新規就労機会の喪失，雇用条件の劣化という状況をもたらしているといえるであろう。

3　グローバル化のダイナミズムと「東アジアの奇跡」

グローバル経済の中心―周辺構造と半周辺のダイナミズム

　以上のように，新国際分業によって牽引されている現代のグローバル経済は，

第Ⅰ部　ナショナルからグローバルへ

資本主義世界システムという長い歴史的な過程から見た場合には，実は非常に新しい現象であるといえることがわかってくるだろう。何故なら，産業革命以降の世界経済を瞥見した場合であっても，資本主義市場経済は，イギリスで始まる産業革命が西欧諸国に伝播し，その後，アメリカ合衆国，日本などにも波及していく中で，世界経済における工業生産の中核を形成する〈中心〉と，この〈中心〉における資本蓄積にもっぱら原料・一次産品・労働力を供給する基地として新たに位置づけられた非資本制領域が，〈周辺〉として組み込まれることによって構成されるからである。そして，アジア，ラテン・アメリカ，アフリカ分割をもって完成する植民地体制を形成することをとおして，資本主義世界システムの中心―周辺関係を構造化したからである。そして，これは同時に，資本主義世界システムにおける〈中心〉による工業生産と，〈周辺〉諸地域による原料・第一次産品生産という古典的国際分業をにない，長期的には原料・第一次産品輸出の側が交易条件の長期的不利化*1の下に置かれたまま抜け出せなくなることで，国際的垂直分業を支えてきたといえるのである。しかも，このような世界経済の基本構造は，政治的独立を果たした後もなお，経済的には元宗主国の経済関係に依存せざるをえないという，経済的新植民地主義として，第二次世界大戦後の植民地独立後もなお存続をゆるしていたのである。このような世界経済に，構造的にみて大きな変化が現われてくるのは，既に述べてきたように，1960年代末の，多国籍企業による新国際分業の進展においてだからである。そして，これが，今日のグローバル経済の最も特徴的な性格を規定しているということである。

そして，多国籍企業による生産の国際化の進展の結果は，海外直接投資を受け入れ，「輸出加工区」を設置・奨励する輸出指向型工業化体制を採用した東アジアNIEs4カ国（韓国，台湾，香港，シンガポール）が，年率6％で成長したことにより決定的なものとなったのである。この状況は，1993年に，世界銀行が発表したレポートにおいて，NIEs4カ国を「東アジアの奇跡」と称し，他の途上諸国・諸地域にはみられない高度成長が報告されることにより，世界経済の構造的変化は明確になったといえるのである。そして世界の中でも，東アジアは最もダイナミックな成長をとげる地域となり，工業製品，ハイテク製品などの

産業の重要な輸出拠点となった。

　このような構図は，いわば資本主義世界システムの構造的ダイナミズムは，中心─周辺構造の接合地点にある〈半周辺〉という，それ自体が不安定でありながらも競争力に富むアジアの姿を決定的なものとしたといえるであろう。1997年のアジア金融危機*2を通過した後に，NIEs 4 カ国に続いて，経済特区政策による外資導入に踏み切っていた中国が，2001年のWTO加盟以降に本格的に世界貿易に登場してくる。2000年代半ばには，2桁成長率を継続しつつアジア地域の成長拠点としての牽引役を務め，「世界の工場」へと変貌し，さらに2008年グローバル金融危機においてもＶ字型の回復による9％成長を達成するとともに，今日では旺盛な購買力に裏打ちされた「世界市場」へと変貌しつつあることは言をまたないであろう。

「東アジアの奇跡」とジェンダー

　以上のようにみていくならば，1つの疑問が湧いてくるであろう。
　何故，「東アジアの奇跡」はおきたのであろうか？
　東アジアの工業化の成功の鍵を握っているのが，多国籍企業の誘致，多国籍企業の事業展開によっていることは間違いがない。もちろん，多国籍企業による資本投下によってのみ成長が実現されるはずはない。むしろ，「社会的な能力」，技術や訓練を受け入れ，それらを物的財へと「転換していく能力」こそが，実現における大きな役割を果たす。これらの能力を兼ね備えた，質の高い安価な労働力の安定的な供給と，国内における輸出指向型工業政策の奨励による外資優遇策などが不可欠なのである。

　ところで，アジア工業化の最大の鍵は，エレクトロニクス産業だといわれる。
　その理由として，エレクトロニクス産業は，まず一連の生産過程において，標準化された加工・組み立てであり，電子部品であっても標準化された労働集約型の工程であり，保管・流通においても扱いやすく，それ程大規模な資本投資を必要とせずに稼動することができる。つまり，これらエレクトロニクス産業に代表される，①高度な最終製品を生産する場合であっても，生産工程を単位分割し，それを再度組み合わせ結合することによって，複雑な工程を単純化

した工程の一連の連なりに変化させること，②保管・流通費用を抑制すること，そして，何よりも③質が高くて低廉な労働力の供給が可能であることが，「東アジアの奇跡」の秘密といえるであろう。

そして，これこそが，新国際分業 NIDL が成立するための，3つの前提条件をなしており，最も重要な点は，質が高くて低廉な労働力の安定的供給確保が継続的に可能かどうかなのである。

マリア・ミース（Maria Mies）は，フレーベルグループの新国際分業 NIDL 理論に触発されながらも，次のことを指摘した。

すなわち，多国籍企業による新国際分業の展開過程が，膨大な資本投資の無駄遣いに終らず，現実のものとして機能するためには，2つの条件が充たされていなければならず，この2つの条件を欠くならば新国際分業 NIDL そのものが機能しないというのである。

その2つの条件とは，第1に，多国籍企業による途上国・周辺地域の女性労働力の《再発見》，つまり，再配置された産業，アグリビジネス・輸出指向型企業にとって，最も安価で，最も従順で，最も操作しやすい労働力を，生産コストを可能な限り抑えるために，途上国・周辺諸地域で《再発見》しなければならない。つまり，外資の受け入れ諸国・諸地域においては，このような一定の教育水準をもつ質の高い労働力が豊富にあり，かつ継続的に大量に利用可能であるような外資優遇策をとる必要がある。そして更に重要なのは，工場勤務の継続就労による労賃高騰に対しては，当該社会の慣習的効果によって若年の一定期間のみの雇用が，社会的合意形成として機能しうるように社会を再編成しなければならないのである。そしてここにこそ，質の高い廉価な労働力としてのジェンダー非対称性が刻み込まれているのである。質が高く低廉で従順であるような労働力として，アジアの「器用な指先」をもつ10代後半から20歳代前半までの女性たちが選択され，また自らも合意しつつ，後に「東アジアの奇跡」と呼ばれる新しい国際分業体制における，資本主義世界システムにおいて初めての，周辺諸国・諸地域による世界市場向け工業製品生産は可能となったのである。

そして，ミースがあげている第2の条件とは，先進諸国の既婚女性の非正規

就労への動員である。すなわち，これらの多国籍企業は，生産された商品のすべてを"豊かな国"の消費者が，さらに買うように仕向けなければならない。つまり，先進諸国の既婚女性を，"主婦パート"として〈家計補助並み〉水準の賃金で雇用することをとおして，女性の消費財に対する貨幣購買力を高める一方で，高騰する労賃・労働力を再生産するためのコストを，家計補助賃金を稼得することで世帯経済に再負担させる。

　すなわち，ミースによれば，新国際分業によって結合された世界経済の，入り口と出口の双方に，女性労働力の統合〈周辺部における20代前半までの若年女性現業労働力／中心部における既婚女性非正規雇用労働力〉が必要なのであり，これらの女性労働力の統合なくしては新国際分業そのものが現実的には機能しないことになる。そして，この入り口と出口に統合された女性労働力こそ，今日では既にグローバル経済をみていくときに最も特徴的だとされている，世界的規模での《労働力の女性化》の典型形態にほかならない。

　「東アジアの奇跡」を成功ならしめた新国際分業の主要な労働力こそ，アジアの女性たちであり，それは今日中国のAさんに至るまで，繋がっているのである。その意味において，今日のグローバル経済は，その最も基幹においてジェンダー配置を伴っており，ジェンダー配置の今後の展開がどのように進んでいくのかについての知見は，今日のグローバル経済の動向を理解する上で，不可欠なものといえるのである。

4　グローバル・シティの隙間からみえるもの

グローバル・シティ——富の蓄積・富の剝奪

　このような，新国際分業NIDLの進展は，サッセンによれば，グローバルな資本による直接投資，生産の国際化を受け入れた諸地域における伝統的経済社会構造の変質とグローバリゼーションそのものによる文化的変容をもたらすものであるという。そして，新国際分業の前提条件をなす，周辺諸国・地域における膨大な労働力のプールの累積的な拡大は，それらの人々を，かつて来た道へ帰還させるよりも，先進的な〈中心〉へと向かわせる。

一方で，多国籍企業は，いまや，一部の企業秘密に関わる高度な部分を除けば，現業の製造過程は周辺地域にほぼ移転させてしまった。私たちの現在の日常生活は，安価な商品に満ち溢れ，毎日の暮らしのなかで，先進国産の製品を見つけ出すのは難しいし，見つけたとしても高価な奢侈品と化している場合も多い。もはや先進諸国ではモノを作れなくなりつつあるのか。気づかぬうちに，もはや作れなくなっているのか。

　先進諸国中心部の本社に残るのは，世界的に分散させた現業機能や流通機能をいかに効率化させ循環させるかという，経営の意思決定にかかわる中枢指令機能である。しかし，中枢指令機能を集中させることは，かつてとは異なったサービス労働の需要の増大を生み出すことでもあった。日常は，会議とパソコンによる膨大な書類作成に追われ，巨額の資金を瞬時で扱うため時間の観念も無くなり，現実感はいよいよ薄まる。新国際分業の展開の行き着く先に，新たに再編され巨大化する中心部中枢機能に関連する，膨大な企業経営のためのサービス労働の発生は，それらのサービス労働者，中間管理職，専門的技能労働者たちの，非日常的空間で生息するための個人的なサービス需要を招いていく。そして，これらのサービス労働の需要に呼応して，周辺・半周辺諸地域から〈中心〉へ向けた，膨大な国際労働力移動が喚起されていくのである。

　サッセンによれば，中心部資本主義におけるサービス経済化，特に，80年代，90年代における新自由主義政策への先進諸国での転換によって，多国籍企業それ自体が，企業買収や合併を繰り返しつつ，金融・情報コングロマリットを形成していく。その結果，巨大な多国籍企業の中枢機能が，中心部において集中・集積するのである。この多国籍企業の中枢機能が集中・集積する場所が，グローバル・シティである。

　グローバル・シティでは，一部の高度専門化した対企業サービス職種（金融取引関連業務，法務・会計業務，IT関連業務など）と，それらの富裕化した賃金労働者の個人所得の分配に依存する対個人サービス職種に両極化し，この賃金労働の内部における，所得源泉の質的差異が明確化してくるのである。すなわち，一方における金融・情報コングロマリットの対企業サービスによって，そこに発生するグローバル資本の超過利潤の一部を，「賃金」あるいは株式・有価証券保

第3章　グローバル経済は何をもたらすのか

有，あるいは，巨額のボーナス報酬として得ることにより，個人所得化する「富裕化する賃金労働者層」と経営者層，それらの「富裕化した賃金労働者層」が新たに需要する様々な個人サービスを提供する，富裕化した賃金労働者の個人所得からの分配に，その生活を委ねる対個人サービス労働者層に分岐する。これが，20世紀後半の福祉国家体制のもとで成立していた先進諸国における中産階級の両極化の進行，「格差」の発生である。

　つまり一方では，グローバル資本の生み出す巨大な超過利潤を個人所得として受け取る富裕化した賃金労働者，および経営者層と，この人々の日常的サービス需要に応えるためのサービス労働者の発生である。この中には，かつてであれば国内主要産業に雇用された労働者であった人々が含まれているであろうが，グローバル経済は，そのような先進諸国中産階級の「標準男性賃金労働者とその家族」のモデルが，いまや通用しなくなったことを知らしめているのである。もはや男性片働きモデルの近代家族では，1人が解雇されたときには生きていけない。それは，企業サービスで巨額の年俸を手にしている専門的労働者といえども同様である。グローバル経済とは何よりも，時間と空間の縮減を求めて世界を動き回る資本のあり方なのであるから，むしろ，そのような職業こそが，不安定化せざるをえないのである。

　グローバル・シティとは，単に巨大な先進国主要都市なのではない。グローバル経済の必然的動態過程において生み出された，富の蓄積と富の剥奪とが目まぐるしく交錯するサイトそのものであり，しかもなお，個別の身体を伴う人間の日々の営みに規定される，具体的な場所でもある。この問題は，既に90年代に，サッセンがアメリカ経済の動向を分析して「雇用中心型貧困」の発生と呼び，個人サービス業種に同時に複数就労していてもなお貧困であり，従来の失業─貧困概念そのものの変容として提起しているが，これが今日「ワーキング・プア」と称される一群の人々を指しているといえよう。

　そして，この対個人サービスとりわけケア労働への新たな需要にたいして，国境を越えた移住女性による就労が増加していることが実証されているのである。

　ここまできて，思い出されたと思うが，冒頭のＪさんこそ，東京に在住して

いる,グローバル経済によって牽引された,米系多国籍企業の東京本社勤務のエグゼクティブ・ビジネスマン家庭において雇用されている,対個人サービス労働者すなわちケア労働者なのである。

もう一度,AさんとJさんの「2枚の写真」を思い起こしてみよう。最初とは違う気持ちになっているかもしれない。

中国のAさんの20年後の生活はどのようなものになっているのだろう。変わらずに,日系縫製工場で勤めているのだろうか。しかし,20年後に,中国上海近郊に,外資系縫製工場がそもそも存在しているのだろうか。今,中国では労賃が急速に上昇している。ようやくではあるが,労働法制も整備されつつある。そうであればなおのこと,日系縫製工場は,中国以外のもっと低廉で,もっと従順で,もっと操作しやすい女性たちの居るところへと移転してはいないのだろうか。

そしてJさんの方は,どうしているのだろう。フィリピンに帰っているのだろうか。20年後といえば,普通は退職する年齢になっているだろう。Jさんがリタイアし,日本からの送金が無くなったときに,フィリピン母国での世帯はどのようになるのだろうか。

生き残りの女性化と未来

それでは,最後にあらためてJさんの話をしよう。そこには,誰よりも日本に居住する私たちが,深く理解しなければいけないであろうことが存在しているからである。

Jさんは既に日本で生活して20年近くがたったという。20年といえば,そう短い時間ではない。むしろ,母国での生活よりも馴染んでいるのかもしれないぐらいの長さである。でも,その20年の間に,日本という社会のなかで,どれほど彼女の存在が認められてきたのかといえば,それはとても充分なものというには程遠いであろう。充分ではないというのは,決して公的な資格とか法的滞在許可といった問題だけのことを言っているのではない。彼女は,この20年の間,自分を雇う雇用主を変更することはあったというが,それでも,きちんとした就労の資格を備えていたという。そして彼女には,日本での滞在上の資

格に関わる問題は，幸運なことにそれ程にはなかったと思うという。おそらく，これはとても稀なことであるだろう。普通は，外国人のビジネスマンが帰国するにあたって，次の雇い主が見つからないということはよくあることだからだそうだ。しかし彼女は信頼されており，すぐに紹介によって次の雇用主を見つけることができたために，結局20年近くを日本で過ごすことになったのだという。

　ところで，私たちは，家事労働者の仕事，とくに住み込みの家事労働者の仕事というのは，どういうものかと考えたことはあるだろうか。何故，こういう風にいうかといえば，第二次世界大戦以前の日本社会では，住み込みの家事労働者の人たちというのはよく見かけられたのだが，戦後には，70年代の初めぐらいまでの間に，家事労働者数は激減し，余程の家庭でない限り，住み込みの家事労働者のいる家庭というのは無くなった。もちろん，完全に無くなったわけではない。日本の女性でも生涯，炊事や床拭きなどの家事労働をすることなど自分の仕事ではなく，自分は社交をもっぱらしている存在であると思っている上層の高齢女性という人もいなくはない。いつでも，どこへ行くにも，フェルト（ニットではない）の帽子をかぶって出かける高齢女性の中には，稀にそういう人たちもいる。しかし，日本は第二次世界大戦後において財閥解体と農地改革を行ったために，戦後社会はいわゆる中産階級社会であり，日本型雇用慣行と近代家族の組み合わせ（夫：家族賃金稼得，妻：家事専業就労）が日本社会の基盤をなしているという考え方の下にあったので，家事をしてくれる人を家庭のなかで住み込みで雇っているということが想像しづらい社会になっていたということである。ましてや，外国から住み込みの家事労働者の人が，日本で居住している，などということには思いも及ばず，気がつかないままきたということにすぎないのである。

　しかしながら，このように，ある人がすぐ近くに住んでいて，スーパーマーケットのレジで前に並んでいたり，公園で幼子を遊ばせていたり，電車で隣に座ったりしていながら，まるで気にしていないということは一体どういうことなのだろうか。つまり，ここで言いたいのは，20年間，日本に住んでいながら，ごく普通の日常の生活の中で，何気なくJさんのことを気にしている，気に掛

けているという人が，おそらくとても少ないだろうということである。
　人権ということを考えていくときに，まず一般的には，人として生きていくうえでの必要な法的諸権利の束のようなものを思い浮かべるだろう。そこには労働権や思想・信条の自由などが含まれている。しかし，毎日の暮らしのなかで実際生活していくときに，それだけではやはり足りなくはないだろうか。日常に急に何か困るとか，実際急病になるとか事故とかは予測できないものである。私たちが比較的のんびりと生活しているというのは，いざ，何かがあっても，知らせてくれる誰かがきっと居て，ここで暮らしているのだから本当に困ればそれでも何か助けもあるだろう，といった漠然として理由はないのだが，そういった通念をもっているからではないだろうか。このように，人権ということを考えていく場合でも，最近では，他者から気に掛けてもらうこと，気遣われること，ケアされる権利というものも，生きていくうえでは極めて重要なことなのだということが言われるようになってきた。日本社会で家庭内暴力とか，家庭のなかでのネグレクト，あるいは高齢者の一人暮らしなどによって，同じように，日々誰かから気にかけてもらっていない人々が増えてきたという現状にたいする警鐘でもあるといえよう。
　そういう意味で，Ｊさんは，決して仕事があまりにきついとか，雇用主との関係がどうにもうまくいかないとか，そういうことはなかったようであるし，また，同じような外国籍のビジネスマン家庭で就労しているフィリピン人の仲間同士の交流にも恵まれているらしい。

――それでは，日本での20年間は，結構，生活は楽しんできたの。
　Ｊさん：それ程でもない，家族のためだと思って，寂しいと思っても頑張ってきたから。

　私は，中国のＡさんにも，同じような質問をしてみた。

――こうやって働いていて，何が将来の望みなの。
　Ａさん：家族の幸せ，そしてもっと技術が上がること。

　Ａさんの答えはあっさりしていた。しかし，Ａさんも，Ｊさんも，２人とも

に家族が大切と答えてくる。彼女たちの就労の動機は，自分たち自身の幸せを摑むというだけでは説明できそうにない。「家族思い」。これは，この2人に最も共通する要素である。そのために仕事がつらくても，我慢できる。だから，家族に，稼いだ賃金の半分近くを送金する。Aさんも1900元（約3万円）の月給の半分は送金している。家族のための家を建てたい。そして，Jさんは，何よりも娘の学費である。生き残るために働く。グローバル経済のただ中において，彼女たちが生き残りをかけて行なう日々のことは，同時に，そのグローバル化のシステムを根底において支えている。このような状況は，今，生き残りの女性化と呼ばれている。

　Jさんに聞いてみた。

――貴方の娘さんに，貴方と同じ仕事をしてもらいたいと思うか。
Jさん：いいえ，海外で働くのはいいけれど，私よりもっと良い資格の必要な仕事をしてもらいたい。私も大学出だけれど，もっと資格の取れる大学に。だから，娘は今，看護学部のある大学にいっている。卒業すれば，海外で看護師として働けるから。
――フィリピンの看護大学は難しいし，第一，授業料が高いでしょう。
Jさん：私は，そのために働いているから。とてもいい娘で，1人子だし頭も良いから。授業料が高いのは，気にならない。私が日本で働いているから大丈夫。
――娘さんが看護師として海外で働くとしたら，どこの国がいいの。
Jさん：イギリスがいいって聞いているけれど，本当かしら。

　そこで，私は，おそるおそる聞いてみる。

――日本でも，看護師の受け入れが始まっているけれど，日本はどう？

　このときには，Jさんは真顔できっぱり言い放った。

Jさん：日本はだめ。英字新聞で看護師のこととかみんな読んでいる。友達には，娘が看護師の人も居るのよ。でも，日本は来ても意味がないでしょ。だって，娘には未来があると思うから。

第Ⅰ部　ナショナルからグローバルへ

アジアの女性たちは，グローバル経済のなかで生き残るために働いている。それは，彼女たちと私たちのありようを，分断しながらも繋げているのだ。

　Jさんの娘はどんな選択をするのであろうか。そのとき私たちこそが試されている。

〈用語解説〉

＊1　交易条件の長期的不利化

　　資源や食料などの第一次産品輸出国の工業製品輸出国に対する交易条件は，長期的には不利化せざるをえないとする命題。アルゼンチン出身の経済学者で，国連ラテンアメリカ・カリブ経済委員会（Economic Commission for Latin America and the Caribbean：ECLAC）のラウル・プレビッシュ（Raúl Prebisch）によって提唱された。

＊2　アジア金融危機

　　1997年のタイ通貨危機を発端として起こり，インドネシア，韓国へ通貨危機が波及した。変動相場制への移行とともに，株価の急激な下落をおこし，IMF，世銀からの金融支援を受けることになった。

〈参考文献〉

伊藤るり・足立眞理子 2008 『国際移動と〈連鎖するジェンダー〉――再生産領域のグローバル化』作品社

サスキア・サッセン 1999 『グローバリゼーションの時代』（伊豫谷登士翁訳）平凡社

森田桐郎 1995 『世界経済論――〈世界システム〉アプローチ』ミネルヴァ書房

〈発展学習〉

マリア・ミース 1997 『国際分業と女性』（奥田暁子訳）日本経済評論社

　現代のグローバル経済における新国際分業とジェンダー配置に関する古典的文献。地域研究としても面白い。

SGCIME 2010 『現代経済の解読――グローバル資本主義と日本経済』御茶の水書房

　グローバル経済の現状について網羅的に把握することができる。最近のグローバル・シティに関する議論も含まれる。

第 II 部

ローカルからグローバルへ

第4章

子どもが学校に行くとはどういうことなのか
―― 近代教育システムと伝統的社会の位相

内海　成治

1　はじめに

　国際協力における教育分野の課題は Education for all（以下 EFA*1），すなわち，すべての子どもが教育を受けるようになることである。EFA は国連ミレニアム開発目標（MDG's*2）のひとつでもあり，2015年が目標年である。そのために開発途上国においても EFA は主要な開発目標の一つであり，重要課題として積極的に進められている。それゆえ，援助する側とされる側の両方において，教育の普及は重要な課題である。

　現在，開発途上国においても小学校の就学率は90％程度であり，残りの10％（ラスト10％）が EFA のターゲットである。このラスト10％は，最貧層や辺境地域における教育へのアクセスが難しい子どもを対象としており，もとより教育の普及が困難なケースである。その難しさの中でも最も難しいもののひとつが，いわゆる伝統的な社会の子どもの教育であるといわれてきた。ここでの伝統的社会とは，生業や生活様式において遊牧や漁労などの伝統的な生業を中心として，社会固有の価値観や社会慣習を色濃く残している社会のことをさし，もとより相対的な概念である。

　伝統的社会の子どもの就学率は低いが，その理由はのちに述べるようにいくつかの理由が考えられている。ただ，近年は伝統的社会が近代教育にたいして敵対的であるとか，教育行政が不適切であるからとの一面的な指摘は少なく，この原因は複合的であると考えられている。また，近年特に今世紀に入ってか

第4章 子どもが学校に行くとはどういうことなのか

ら，伝統的社会や紛争後の社会において近代教育への志向性は強まっている。それゆえ，現在，新たな社会と教育の関係が始まっていると考えられる。本章ではこうした伝統的社会と近代教育システムの関係を私たちが行ってきたフィールド調査をもとに考えてみたい。

　私たちはこれまでいくつかの地域で伝統的社会と近代教育システムの関係をフィールドワークによって検討してきた。その研究手法として IST 法（Individual Student Tracing method）を開発した。これは，一つの学校の全生徒（本章では園児，児童，生徒を合わせて生徒とした）に複数年にわたって個別にインタビューし，そのデータをもとに出来る限り正確な進級構造を把握して分析する方法である。進級構造分析は学校研究における基本的な分析の手法であるが，それを個人の情報から組み立てて，より精緻にした方法である。また IST 法は個別生徒と校長・教師・保護者へのインタビューと家庭訪問により，子どもの通学をめぐる諸課題を重層的に検討することも含んでいる。

　今回は，IST 法によるケニアのナロック県のマサイの学校での調査をもとに伝統的社会と近代教育システムの関係を，そして近代教育システムが伝統的社会の中でどのような役割を持っているのか，あるいは持つべきなのかを検討する。

2　ケニアの教育

　ケニアの教育制度は 8 ・ 4 制で，初等教育 8 年，中等教育 4 年，そして高等教育へと続いている。2003年に初等教育の無償化政策がはじまり，就学率が急速に向上した。2010年 7 月に教育省が発表した2008年の速報値が現時点（2010年）で一番新しいデータであるが，それによると総就学率で110％程度である。総就学率が100％を超えているということは小学校の学齢期を過ぎた生徒が多いこと，つまり，遅く入学する子どもや落第が多いことをうかがわせる。ケニアの場合，生年月日等の情報が不正確なために，学齢期の就学人口を分子とする純就学率を見てもあまり意味はないが，およそ80％と報告されている。

　ケニアの教育課題は多いが，基礎教育段階における課題としては，男女の就

69

学率に差があること，地域格差が非常に大きいことが挙げられる。男女格差の あるところは就学率が低く，この二つの課題はお互いに関係している。マサイ やサンブル等の遊牧民の居住する地域や乾燥の激しいガリサやトルカナなどは 就学率が低く，男女差が見られる地域である。今ひとつの課題は受験競争が激 しいことである。ケニアの場合には中等学校や高等教育への進学は，入学試験 ではなく卒業試験の成績で決められる。上級学校に行くための全国統一テスト は小学校8年の修了時のKCPE（Kenyan Certificate of Primary Education）と中等 学校修了時のKCSE（Kenyan Certificate of Secondary Education）であるが，この 試験の成績によってどの学校に進学できるかが決まるのである。この全国テス トが非常に厳格に行われ，成績は個人および学校単位で順位が付けられ発表さ れる。この成績は学校や教師にとっても評価の対象となるため，教授と学習は この試験に向けての準備の様相を呈するのである。また，成績の悪い生徒はこ の試験を回避させる意味で落第させられる場合も多い。

3 遊牧民とその教育

　遊牧民（牧畜民[*3]）は東アフリカの人口の10％程度である。ただし，ウガンダ は農耕民が多く，遊牧民は5％と少ない。また，ナイジェリアなどの西アフリ カでも遊牧民の数は東アフリカと同様ではないかと考えられる。現在アフリカ での教育課題のひとつが遊牧民の教育参加である。

　遊牧民の近代教育への参加にはどのような問題があるのだろうか。これは二 つの側面から考えられている。ひとつは教育の供給側の要因で，学校の数が少 なく，また配置 School Mapping が適切でないため，広い地域に分散して居住 している遊牧民の子どもにとってアクセスが困難なことである。次に遊牧民側 の要因として，近代教育にたいする忌避が挙げられる。これは，近代教育が自 分たちの固有の文化に敵対するとして子どもを学校に通わせないことである。 これは遊牧民に対する一種のステレオタイプ化した言説である。遊牧民を含め た伝統的な社会が近代教育と敵対するということは，最近の研究ではほとんど 聞かれなくなった。逆に遊牧民においても近代教育の必要性・重要性が認識さ

れて，それぞれの生活・生業の様式と学校システムとをどのようにかみ合わせるかが課題になっているとの指摘がされている（湖中 2006）。私の考えも同様であるが，ここ数年の調査の中で，さらに子どもの通学の重要性への認識が進み，人々の生活にとって最も重要な課題となったと感じている。この点に関しては考察の部分で検討したい。

パリにあるユネスコ国際教育計画研究所（IIEP）では遊牧民の教育をめぐって調査とワークショップを行い，その報告書を出している。その報告書のなかで遊牧民の教育課題として以下の3点を提言している（Carr-Hill & Peart 2005; Carr-Hill ら 2005）。ひとつは遊牧民側の要因に対しては，教育を受けた子どもを遊牧民の社会に統合できる教育の必要性，すなわち教育の内容を遊牧民の生活に寄り添ったものとすることである。2番目は，未就学や中途退学の要因の精査の必要性である。3番目は遊牧民の社会的，経済的な周辺化に関する調査の必要性である。これにより遊牧民がその国で置かれている状況を把握し，政策的な取り組みが可能となる。こうした指摘は遊牧民の教育は総合的に取り組まねばならないことを示している。

私たちは2000年からマサイランド（マサイ居住地）で調査を行ってきたが，これまでの調査で，いくつかのことが分かってきた。まず，マサイの学校ではケニアの平均と比べて中途退学と留年が非常に多いことである。ケニアの教育省では公的には留年は認めていないが，現実には50％以上の生徒が留年を経験している。

次に生徒の進級をトレースすると5年生まで達すると8年まで進級し卒業する子どもが多いことである。これを「5年生き残り仮説」と呼んでいる。ケニアの小学校は8年制だが，カリキュラムや教員の配置が前半4年と後半4年に分かれている。5年生から教科担任制になり，カリキュラムの進度が速く，英語の教育言語としての重要性が増加する。すなわち5年生からは卒業試験であるKCPEに向けての学習に切り替わる。KCPEの成績は学校にとっても教師にとっても評価に直結しているので5年生に進学させるかどうかは慎重になるのである。そこを乗り越えられないことが中途退学の原因のひとつではないかと思う。

ケニアの教員がリピートと呼ぶ落第の原因については，経済的要因すなわち貧困がその原因だといわれるが，私たちの調査では次のことが分かってきた。遊牧民は貧しいと言うが，マサイはある意味では決して貧しくない。私たちのフィールにあるススワ村の市場では牛（牝牛や去勢牛）は日本円にして1頭3万円くらいで取引される。それゆえ100頭の牛を持っていれば300万円，500頭で1500万円の財産ということになる，多くの牛を持っているマサイは決して少なくない。しかし，その財産を子どもの教育に使うことの優先順位は高くない。マサイにとって牛は，所有そのものが重要だからである。さはさりながら，可処分所得そのものは少なくないのである。

　では，なぜ子どもはリピートするのか。学校が生徒を落第させる理由は学力不足である。その学力とは学期末テストや学年末テストの結果によって測られる。こうしたテストは地区の共通テストとして実施され，地区内での成績が公表される。この成績を左右する大きな要因は生徒の英語力である。英語が分からなければ問題そのものが分からないし，うまく答えられないからである。マサイの子どもは家ではマー語（マサイ語）を使い，市場ではスワヒリ語を使っているが，英語は学校で学習する言語である。それゆえ，学校の欠席は英語力に影響を与える。

　また，KCPEの成績が学校や教員の評価に関わっているため，成績の悪い生徒を8年生に進級させない場合もある。これは学校側の要因ばかりでなく，親の都合で落第させる場合もある。これは中等学校にはいると寮費を始めかなり経費がかかるため，7，8年の段階で落第させて，無償の小学校に在籍させておく選択をするのである。

　ドロップアウト（中途退学）の要因は男の子と女の子では異なっている。男の子の場合には，第一に割礼を契機とした生活の変化が挙げられる。男子は割礼を受けると戦士（モラン）階級になり，モランだけの集団生活にはいる。この間に就学年齢がオーバーしてしまうのである。まれに3年生や4年生に年齢の非常に離れた生徒が戻ってくることがあるが，多くはそのままマサイの生活に入る。男の子のいまひとつのドロップアウトの原因は小獣（ヤギやヒツジ）の世話である。これは男の子の仕事で朝から夕方まで草のあるところに放牧するので

ある。

　女の子の場合は母親の仕事の手伝いが重要である。搾乳，水汲み，幼い子どもの世話，洗濯，炊事，畑仕事が女性の仕事であり，その一部を手伝うのである。電気・水道・ガスのない家での家事は大変な仕事であり，母親の手伝いとは言え大仕事である。女の子が集団でポリタンクを頭に載せたり背負ったりして遠くの水場（川やダムという溜池）から水を運ぶ姿をよく目にする。また，割礼を受けた少女は，結婚するまでの間，自由に恋愛ができる。その結果，妊娠さらには出産する子もいる。小学校では出産した生徒を復学させることはない。教育省では妊娠・出産による退学がないように指示しているが，現場の校長は認めていない。これまで多くの小学校を訪れたが，ケニアでは赤ん坊を連れた小学生は見たことがない。妊娠・出産した女性はそのまま中退し，その後結婚するのである。

　マサイを含めた遊牧民は季節により，また天候によって家を移動させる。干ばつが続くと，緑を求めて牛とともに移る。ナロックの場合には西のナエバシャ湖やナクール湖まで移動する。家庭で搾乳のための牛も飼育が困難になると，家族全員で移動しなければならない。

　今ひとつのドロップアウトの原因は，親の離婚や死別である。一夫多妻のマサイでは家族構成が複雑で，家庭内不和による離婚も多い。また老年に近い男性でも経済力があると若い妻を娶る，その場合子どもが小さいうちに死別するケースが多くなる。父親を亡くした子どもは母親とともに再婚相手に引き取られるが，通学を継続できない場合もある。

　子どもが学校に来なくなる今ひとつの大きな理由は，教員忌避である。ケニアの教員の教授法は教師中心で厳格である。また，学期末，学年末さらには卒業試験にむけて厳しく成果を求める。また学校内での規律も厳しく鞭も日常的に使われる。また教員は自分の住んでいる宿舎の水汲みや掃除などに女子生徒を使うことも多い。女子生徒に対する男性教員からのセクハラも問題である。90年代には教師による女子生徒の妊娠が問題となりキャンペーンが行われた。こうしたことから教師を嫌い学校に来なくなる生徒も少なくないのである。

4　調査地域と「小さい学校」

　マサイの居住地域はケニアとタンザニアにまたがっており，人口は合わせて30万人程度と言われている。私たちの調査地域は首都のナイロビから西にタンザニア国境まで広がる大地溝帯にあるナロック県である（2010年から南北に二つの県に分割され，私たちのフィールドであるマオ地区は北部ナロック県となったが，ここでは便宜上ナロック県とする）。マオ地区はナイロビから車で2時間ほどである。

　現在ケニアは2003年の小学校無償化以後，小学校の数が急速に増加している。ナロックの小学校数は，現在手に入る一番新しい2007年のデータでは402校，生徒数は約5万人である。総就学率は約105％，男女別就学率は女の子のほうが少し低いが，大きな差ではない。

　ケニアでは8学年まで学級が揃っている学校をKCPEの受けられる学校という意味でKCPE学校あるいは完全小学校 full primary school と呼ぶ。8年生までなくて3学年や5学年までしかない場合や途中の学年が抜けていて8学年揃っていない小学校を不完全小学校 non complete primary school と呼ぶ。この不完全小学校はさらに二つの種類に分けられる。ひとつは，新設校で1年生から学年進行で大きくなっている学校と，3年生あるいは5年生までの学級しかない学校である。特に後者の学校を私たちは「小さい学校 small school」と呼んでいる。

　ナロック県内の小学校のこのような種類別のデータは2003年のものしか手に入らないので，それによると県内には336校の小学校があり，そのうち完全小学校298校，不完全小学校38校で，約11％である。2007年には学校数が402校であるから，この数字を当てはめると不完全小学校は44校になるが，新設校や僻地校が多いので，その数はもっと多いと思われる。2003年にマオ地区には15の小学校があったが，そのうち6校（40％）が不完全小学校である。ナロック県全体よりかなり高い率になっているのは新設校が多いこともあるが，建物の建設や教員配置が十分に行われていないためであろう。そのうち3校が学年進行中の小学校で，3校が「小さい学校」である。今回報告する小学校はその中の一つ

のイルキークアレ小学校である。

このような「小さい学校」はなぜ存在するのであろうか。ひとつは政府の財政不足と不適切な学校配置計画（スクールマッピング）によるものである。ケニアにおいてはそれぞれの地域に県教育局によって小学校が建設されるが，それ以外の学校はコミュニティが県の教育局と相談して，建物を建設しそこを学校として認定してもらい，教員を派遣してもらうのである。しかし，採用できる教員の数は国からの枠によっており，どの小学校に何人の教員を派遣するかは県の教育局の判断による。そのため十分な教員が揃わずに不完全小学校ができてしまう。教員数が足りなくても複式学級や2部制をとることで対応できると思われるが，ケニアではこうした対応策は原則として取られない。その理由は教員の過重負担を避けるためだと言われている。

写真 4-1　イルキークアレ小学校の生徒

「小さな学校」の役割は何か。これは伝統的社会における近代教育システムの役割を探ることでもあるが，とりあえずの仮説としては次の2つの点を挙げておきたい。

ひとつは8年間ではなく短期間であっても教育を受けさせることが可能となることである。マサイにとっては短期間でも学校に行くことが重要で，英語やスワヒリ語の習得，計算能力が身につけられる。いま一つはマサイが非常に広い地域に散村形態で居住しているため，子どもが小さいうちは遠くの学校に通えない，そこで最初は近くにある「小さい学校」に通学させ，成長して遠くまで行けるようになったら別の学校に移るのである。あるいは，「小さい学校」の後，それぞれ親族に子どもを預けて完全学校に行かせる場合もある。この二つはマサイによる近代教育の受容の消極的な対応と積極的な対応を表わしていると思われる。

イルキークアレ小学校は大地溝帯の中の草原にある文字通りの「小さい学校」である。周辺の草原にはシマウマ，ガゼル，キリンが生息しており，時々学校をのぞきに来る。学校の敷地内には二本の大きなアカシアがある。イルキークアレというのはマサイ語で二本の木という意味で，それを学校の名前にしている。学校は4つの教室に校長室を兼ねた教員室がある。校舎はコミュニティが建築したが，国際NGOからの支援もあり，「小さな学校」としては珍しく床がコンクリートである。

　学校を中心として，0.5kmから2.8kmの範囲にある14の家庭（ボマ）から生徒は通学している。平均は1.67kmである。教員数は校長とナーサリーの補助教員を含めて4人（そのうち女性3人）。生徒数は50人程度で男女の差は若干あるが大きくはない。生徒のリピートやドロップアウトの率は完全学校と比べて大きい。

5　生徒フローダイアグラムの作成

　進級，リピート，ドロップアウトを視覚化するために2005年から07年までの3年間のIST法による個別の生徒のデータから生徒フローダイアグラムを作成した。図4-1は毎年一週間程度学校を訪問して出席している全生徒のインタビュー個票から作成したものである。そのため調査期間中ずっと欠席していた生徒は含まれていない。

　フローダイアグラムは学校研究の基本のひとつで，子どもの動きを視覚化することができる。このダイアグラムから見てとれるイルキークアレ小学校の特徴はリピートとドロップアウトが多いことである。例えば2005年の2年生は12人いたが，06年に3年生に進級したのは4人で，2人はリピート，6人はドロップアウトした。06年の2年生は10人在籍していたが07年には7人が進級し3人がリピートしている。

　このフローダイアグラムからは進級，リピート，ドロップアウトそして転入生の数が分かる。しかし，同じ生徒が2回続けてリピートしたり，ドロップアウトしたと思った生徒が戻ってくるなどの個別の生徒の動きを掴むことができ

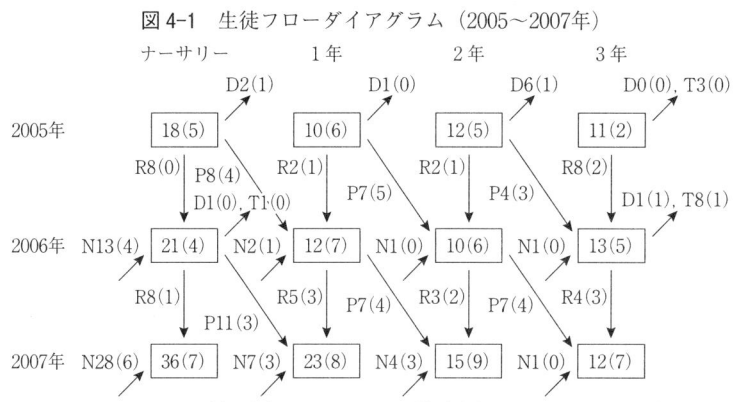

第4章　子どもが学校に行くとはどういうことなのか

図4-1　生徒フローダイアグラム（2005〜2007年）

```
              ナーサリー        1年           2年           3年
                   D2(1)       D1(0)        D6(1)       D0(0), T3(0)
2005年           18(5)        10(6)        12(5)        11(2)
          R8(0)       P8(4)  R2(1)       R2(1)       R8(2)
                 D1(0), T1(0)        P7(5)       P4(3)       D1(1), T8(1)
2006年  N13(4) 21(4)  N2(1) 12(7)  N1(0) 10(6)  N1(0) 13(5)
          R8(1)       P11(3) R5(3)       P7(4) R3(2)       P7(4) R4(3)
2007年  N28(6) 36(7)  N7(3) 23(8)  N4(3) 15(9)  N1(0) 12(7)
```

凡例：P = Promoted（進級者），R = Repeated（留年者），D = Disappeared（長期欠席者），N = Newcomer（転入生），T = Transfer（転校生）。（ ）内は女子の内数。

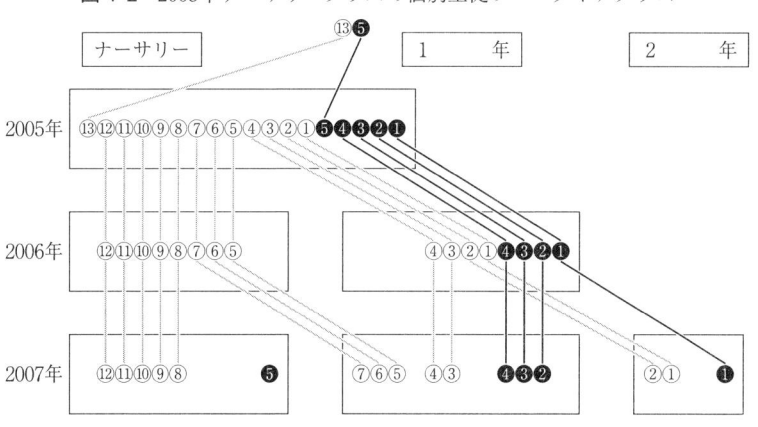

図4-2　2005年ナーサリークラスの個別生徒フローダイアグラム

⑬はその後も学校に来ていない。❺は2007年にナーサリークラスに復帰。
凡例：丸数字（①）は男，白抜き丸数字（❶）は女。

ない。そこで，ある年のある学年（組）の生徒の進級，リピート，ドロップアウトの軌跡を視覚化したのが，個別生徒フローダイアグラムである。

図4-2は2005年ナーサリークラスの個別生徒フローダイアグラムである。2005年に在籍していた18人の生徒の2007年までの軌跡である。毎年新たに入学する生徒やリピートでクラスに入ってくる生徒もいるが，それらを除いて2005年の18人のみを表現したものである。その18人は2006年には8人が進級し，8人の男子生徒がリピートした（ナーサリークラスでは学年構造を取らないので厳密にはリピートとは言わないが，ケニアの教員の発言に従ってリピートとする）。進級した8人のうち3人が07年に2学年に進級し，5人がリピートしている。また2005年から06年にかけて2人がドロップアウトしたが，そのうち一人は07年に復帰した。この図から分かることは生徒の動きが複雑なことである。単にリピートやドロップアウトするだけではなく，続けてリピートする生徒や再び戻ってくる生徒がいるのである。順調に進学・進級する生徒とリピートを繰り返すもの，進学してリピート，リピートして進級する生徒，ドロップアウトする生徒，再び戻ってくる生徒と複雑な軌跡が見て取れる。

図4-3は2005年の1年生の個別生徒フローダイアグラムである。1年生10人のうち7人は翌年は2年生に進級した。その7人は07年には4人が進級し3人がリピートしている。つまり05年の10人のうち順調に進級したのは女子3人を含む4人ということになる。また06年にいなくなっていた生徒は07年に2年生として戻っている。

図4-4は2005年の2年生である。この年の2年生は男子8人女子4人の合計12人であった。そのうちの男子5人が2006年以降学校に来ていない。2005年から06年にかけてのケニアは大干ばつでこの地域のシマウマや羊が大量に死滅した。そのため多くのマサイが草と水を求めて牛とともに移動した影響であろう。その後2007年になっても戻ってきていないのである。

このように個別生徒フローダイアグラムによって個々の生徒の軌跡を視覚化することができるが，さらに順調に進級する生徒，リピートしながらも進級する生徒，ドロップアウトあるいはリピートを繰り返す生徒を把握することが可能となる。私たちは毎年順調に進級していく生徒をコアグループ Core group

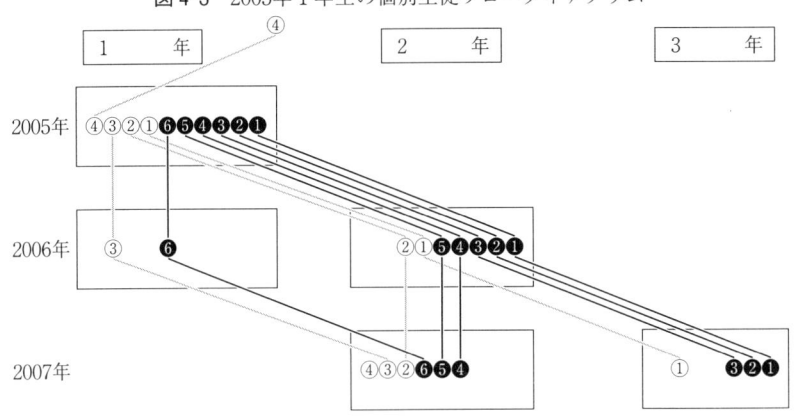

第4章　子どもが学校に行くとはどういうことなのか

図4-3　2005年1年生の個別生徒フローダイアグラム

④は06年には長期欠席であったが，07年に2年生に進級して復帰した。
凡例：丸数字（①）は男，白抜き丸数字（❶）は女。

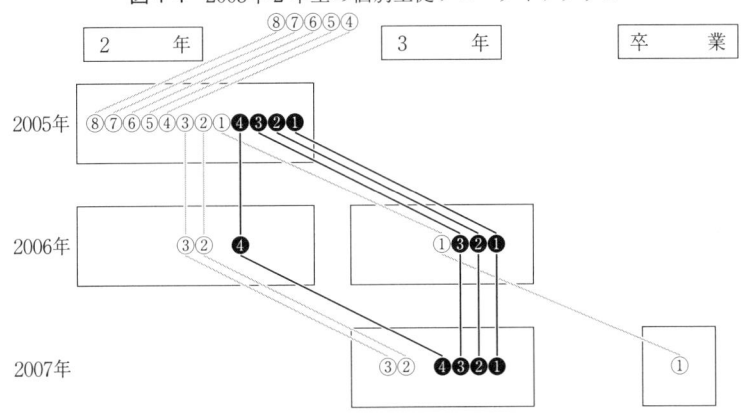

図4-4　2005年2年生の個別生徒フローダイアグラム

①の生徒はイルキークアレから近隣の完全学校の4年生に進級した。
凡例：丸数字（①）は男，白抜き丸数字（❶）は女。

と名付けている。このグループは学習熱心で出席率もよく，クラスの中心的存在である。リピートを繰返したりドロップアウトしてしまう生徒を周辺グループ Marginal group と名付けた。このグループは学校から離れてマサイの社会に戻ってゆく可能性が高い。リピートしながら進級しているグループを中間グループ Intermediate group とした。個別生徒フローダイアグラムからこの3つのグループの生徒数の割合を出すことができる。

イルキークアレ小学校における3つのグループの割合と人数は，コアグループが20％（16人），周辺グループが30％（24人），中間グループが50％（40人）となった。女子では周辺グループが少なく中間グループが多くなっている。イルキークアレ小学校でのこの比率は周辺の小学校と比べて高い傾向はあるものの特に高いわけではない。近隣の学校での調査でも上級生では7割程度の生徒がリピートを経験しているのである。

6　2人の女子生徒のこと

問題は，どうしてある生徒がコアグループで，ある生徒が周辺グループなのかということである。IST法は一人ひとりの生徒のインタビューを複数年行うために，それぞれの生徒のバックグランドをチェックすることができる。

写真4-2のナイセンケ（Naisenke）は2005年には1年生であった。図4-3の女子の❸の生徒である。成績がよく順調に進学し，2007年には3年生になっていた。ナイセンケの家は学校から10分くらいの近距離にある。両親ともに亡くなっていて，結婚している姉に養われている。しかし，姉は学校に行った経験がない。ナイセンケに聞くとそのお姉さんが教育熱心で彼女の通学を支えているという。

写真4-3はナイアノイ（Nayanoi）という生徒である。2005年当時3年生であったがすでに11歳（1994年生）で背の非常に高い生徒であった。3年生を2回リピートしており，周辺グループの子どもである。通常このように年齢が大きい周辺グループの生徒はドロップアウトして，結婚してマサイの社会に入るのである。ナイアノイの両親は離婚し，母は再婚した。義父はナイアノイを受け入

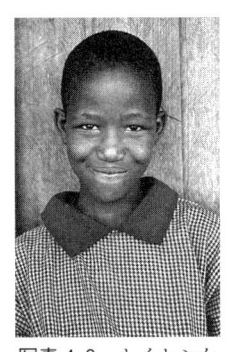

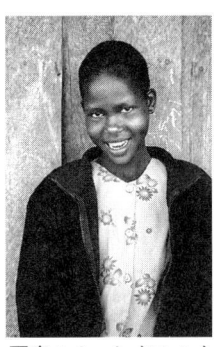

第4章　子どもが学校に行くとはどういうことなのか

写真4-2　ナイセンケ，2005年

写真4-3　ナイアノイ，2005年

写真4-4　ナイアノイ，2010年5月7日，ルクニ小学校の校庭で。

れず，彼女は祖母と一緒に住んでいる。祖母は白内障と思われるが失明しており，ナイアノイが世話をしている。そのため欠席が多く，また英語力が低いために成績が悪い。それがリピートの原因である。私たちは祖母の家をマサイの女性教師とともに訪問して話を聞いた。訪問した時，祖母は裸同然であったが，「少し待ってて」といって家に入り，小ざっぱりした服を着てマサイビーズを身につけてインタビューに答えてくれた。マサイの年配の女性はほとんど学校教育を受けたことがない。しかし，祖母は私の手をしっかり握って「孫のナイアノイには教育を受けさせたい。わたくしと同じ人生を歩ませたくないのだ。ぜひ助けてほしい」と訴えるのである。同行したマサイの教師にも懇願するのである。私は彼女の非常に強い意志に圧倒された。そして彼女の教育への強い期待がどこからきているのだろうかと思った。

　その後，ナロックを訪れる際にはナイアノイに会って近況を聞いている。ナイアノイは07年にイルキークアレ小学校の3年を何とか修了し，近隣のルクニ小学校という完全小学校の4年に編入した。その後進級して2010年には6年生になった。写真4-4に見るように，イルキークアレ校の時とは異なり真新しい学校の制服を着て，顔つきもしっかりしている。担任教師に聞くと，成績はよくはないが悪くもなく，中位の成績であり，欠席は少ないという。祖母のことを聞くと「元気にしている」とのこと。私はうれしかった。多分支援者（スポンサー）を見つけることが出来たのだと思う。

7 伝統的社会における近代教育システムの役割

　マサイの社会は政府の定着化政策による土地私有化により近年大きく変容している。とはいえ，伝統的生活様式は強靭であり伝統的な価値観は生きている。また，牧畜を中心とする生業は干ばつなどの天候に左右され，時に口蹄疫などの病気が蔓延する。医療体制が不十分なために親の死や離婚等により，親と生活することが困難なケースも多い。マサイの社会は強さと脆弱さを併せ持った社会である。こうした社会の中でマサイの子どもは多くの役割を担い，マサイの社会に小さい時から組み入れられている。

　一方，ケニアの近代教育システムは不寛容で柔軟性を欠いた硬いシステムである。硬いというのは，学期末・学年末テストによる進級，KCPEによる進学制度，権威主義的な教育方法，日常的な体罰，母語と異なる英語を基本とした教育言語などによる生徒に優しくないシステムということである。

　それゆえにマサイの社会とケニアの教育システムはそれぞれに硬質であり，そのため両者の間にはさまざまな軋みが生じている。その軋みが子どもを切り裂いているように思える。その二つのシステムの軋みが図4-2から4-4に見られる生徒の軌跡の線が折れている原因であると思う。線が折れているのはマサイの社会とケニアの教育システムの間で切り裂かれている子どもの状況を現わしている。

　また同時に，小学校は貧困を含めた様々な家庭の事情によって十分な安全を保障されていない子どもを最低限保護する場としても機能しているように思える。伝統的な社会は問題を抱えた子どもの生活を保障する，いわゆるセーフティネットが不十分である。それゆえに不完全な学校であっても学校につながっていることは子どもにとって非常に大きな意味があるのである。

　今回調査した「小さい学校」には子どもが出たり入ったりしている。「小さい学校」は完全小学校と比べると，ユニフォームの厳格な着用がないなど，ある種の自由度がある。つまり，完全小学校に比べると柔軟なのである。「小さい学校」には先に述べた短期間の就学施設，あるいは遠くの完全小学校に行くま

第4章　子どもが学校に行くとはどういうことなのか

でのまにあわせの教育施設ということだけではなく，子どものソーシャルセキュリティーの担い手としての意味もあるのではないか。

　学校そして教師は複合的な側面を持っている。教育の効率という観点からはリピートやドロップアウトの多い学校は効率の悪い学校である。しかし，伝統的社会のなかで子どもの生活と未来を切り開く役割は近代教育システムとしての学校しか担えないのである。ナイアノイの祖母に見られるように教育に子どもの未来がかかっていると考える女性は多い。それは現在の成人女性の子どものころには女の子が教育を受けるチャンスがなく，自らの人生を切り開くチャンスがなかったからであろう。

　こうした教育への期待はマサイの伝統的な社会に着実に広がっている。経済やメディアがグローバル化しているなかで，教育への期待も大きく変化しているのである。しかし，教育政策や教育支援政策はこの状況への対応ができていない。つまり，人々の意識はEFAをはるかに超えて，教育への大きな期待が渦巻いているのである。

　現在は開発援助や緊急人道支援のなかで教育・学校は非常に重視されているが，それは学校が単に学ぶ場としてではなくて，子どもを守る場，保護する場としての役割も含めた多様な側面が認識されたからである。伝統的な社会にあっても近代的な教育システムは多様な役割を担っており，また担わなければならないのである。しかし，ケニアに限らず多くの開発途上国の近代教育システムは不寛容で硬いシステムである。人々の教育への認識と期待の高まりの中で子どもに寄り添った教育システムを構築するために子どもの視点に立った調査と国際教育協力が必要になっていると思われる。

〈用語解説〉

＊1　Education for all（EFA）
　　1990年にタイのジョムチェンで「万人のための教育世界会議」が開催され，初等教育の普遍化と教育における男女差別の是正等を目標として「万人のための教育宣言」とそのための「行動の枠組み」が決議され，2000年を目標年とした。しかし，その目標は2015年に延期され，さらに質の面も含めた目標とされた。国際協力の重要課題と

して政策的に取り組まれている。

*2 国連ミレニアム開発目標（MDG's）
　2000年9月ニューヨークで開催された国連ミレニアム・サミットにおいて，21世紀の国際社会の目標として，2015年までに達成すべき目標が定められもの。初等教育の完全普及はゴール2，ジェンダー平等推進と女性の地位向上はゴール3となっている。

*3 遊牧民（牧畜民）
　遊牧民は「純粋な」牧畜民（'pure' pastoralists），農耕—牧畜民（agro-pastoralists），移動牧畜民（transhumant pastoralists），狩猟採集民（hunter-gatherers）の混在したものであり，定義は一定していないが，ウシあるいはラクダなど広い範囲で移牧しながら生活する人々のことをさす。季節により一定の範囲を移動し，独特の生活様式を持っている。各国で遊牧民の定住化政策が推進され，その過程で共有地の私有化，定住農耕民や牧畜民同士の衝突などで大きな変化にさらされている。

〈参考文献〉

内海成治・澤村信英・高橋真央・浅野円香 2006 「ケニアの「小さい学校」の意味——マサイランドにおける不完全学校の就学実態」『国際教育協力論集』9（2），27-36頁
内海成治・中村安秀・勝間靖編 2008 『国際緊急人道支援』ナカニシヤ出版
湖中真哉 2006 『牧畜二重経済の人類学——ケニア・サンブルの民族誌的研究』世界思想社
Carr-Hill, R. with A. Eshente, C. Sedel & A. de Souza 2005 *The Education of Nomadic People in East Africa-Synthesis Report,* Paris: UNESCO/IIEP.
Carr-Hill, R. & E. Peart 2005 *The Education of Nomadic People in East Africa-Review of Relevant Literature,* Paris: UNESCO/IIEP.
Mitzlaff, Ulrike von 1988 *Maasai Women – Life in a Patriarchal Society: Field Research Among the Parakuyo Tanzania,* Trickster Tanzania Publishing House.
Sankon, S. S. 1971 *The Maasai,* Nairobi: Kenya Literature Bureau.

〈発展学習〉

澤村信英編 2008 『教育開発国際協力研究の展開』明石書店
　アフリカを中心とした教育協力に関する論考を集めたもので，日本の第一線の国際教育開発の研究者が執筆している。国際教育協力とは何であり，何が問題であるかが分かる。

黒田一雄・横関祐見子編 2007 『国際教育開発論――理論と実践』有斐閣
　国際教育協力の理論，研究方法がまとめられている。これからこの分野を学習するための基本的文献である。

内海成治・中村安秀・勝間靖編 2008 『国際緊急人道支援』ナカニシヤ出版
　現在喫緊の課題である国際緊急人道支援に関する組織，分野別課題と地域研究をまとめたものである。この分野は類書が少ないために入門書として，また研究と実践を目指すための基本的文献である。

第**5**章

コーヒーからみえてくるグローバル化とは
――タンザニアのコーヒー生産農民の営み

荒木　美奈子

1　グローバル化とアフリカ

　タンザニア南西部ムビンガ県のK村に通い始めて約10年になる。首座都市ダル・エス・サラームから1100km離れた，マラウイとモザンビークの国境に近い，タンザニアのなかでも辺境に位置する地域である。そこにはバントゥー語系のマテンゴと呼ばれる民族が居住し，標高1300〜1800m程の山の斜面でコーヒーを栽培している。毎年7〜9月にかけてのコーヒー収穫時の村の様子が，その年一年の人びとの暮らし向きの指標となる。コーヒーの木がたわわに赤い実を実らせた年は，村は，活気に満ち溢れる。朝からコーヒー畑には人びとが集まり，年寄りから子どもまで家族総出で，時には共同労働を使って親戚や近隣の人びとをかりだし，赤く熟したコーヒーの実を摘む。逆に，隔年結果（豊作年と不作年が交互にくる現象）や病害虫の被害のために収量の少ない年は，村には静けさが漂い，「この一年をどうやってしのいでいこう」と，人びとは不安を口にする。このようなタンザニアの辺境の村に住む人びとの生活も，グローバルな経済にしっかりと結びついている。コーヒー大国ブラジルの天候，その年の生産・輸出量，それに反応する投機家の動向により決められるニューヨークの先物価格に大きく左右されるのである。

　グローバル化により，地理的にかけ離れた場と場が，ますます密につながるようになってきている。遥かかなたにあるアフリカと日本のつながりも例外ではない。例えば，経済的な側面からみてみよう。タンザニアから日本に輸出さ

れている農作物としては，上記のコーヒーのほかに，ゴマ（採油用）がある。ゴマは，日本人の食生活に欠かせないものだが，国内消費のほぼ全量を輸入に頼っている。タンザニアの2004年と2005年の対日輸出総額の約2割は，ゴマが占めている（古沢 2008）。タンザニア以外では，エチオピアやウガンダのコーヒー，コートジボアールやガーナのカカオなどが日本でも広く知られている。あまり知られていないものとしては，例えば，タコがある。日本で流通するタコの7割は，モロッコやモーリタニアなどアフリカ北西岸からきている。とりわけモーリタニア産のタコは，その歯ごたえが瀬戸内海のタコに近いとされ，日本人に好まれるという（ライフ・リサーチ・プロジェクト編 2007）。アフリカ産のタコだと思いもせずに，たこ焼きを食べていることもあるだろう。農作物・水産物のほかにも，近年，石油・ダイヤモンド・金・レアメタルなど天然資源を巡る熾烈な各国間の競争がアフリカ大陸で繰り広げられている。

しかし私たちは，身の回りに溢れているモノが一体どこから来たのか，誰がどのように作っているのかということにさして気を留めることもなく，日々の生活を営んでいるのではなかろうか。グローバル化のなかで，地理的にかけ離れている人びと同士のつながりが密になる反面，そのつながりは可視化されにくく，モノの向こうにある人びとの暮らしに思いを馳せることも稀である。

本章では，貿易取扱高が石油についで世界第2位であり，日常生活に深く浸透しているコーヒーを取り上げる。日本でのコーヒーの需要は大きく，日本のコーヒー豆輸入量（2007年度）は，アメリカ合衆国，ドイツ，イタリアにつぐ世界第4位である。「キリマンジャロ」というブランド名で馴染みのあるタンザニアのコーヒーを事例とし，長い歴史を持つコーヒー栽培を軸とした人びとの営みが，グローバル化の影響のもと変化にさらされている状況を概観し，こうした影響への農民による様々な対応や外部者との協働などを検討することにより，グローバル化を考えていきたい。

第Ⅱ部　ローカルからグローバルへ

2　グローバル化とコーヒー

グローバル化時代の南北格差

　コーヒーは,「その時間軸を縦糸にし,世界中へと広がる空間軸を横糸にした,歴史のモザイク模様を編みだしている」(ラティンジャー&ディカム 2008: 4) と形容されるように,その歴史は千年にも及び,世界中の様々な国々を旅し,異なる地域をつないできた。もともとエチオピア原産であるコーヒーは,15世紀にアラブ世界に渡り広まった。16世紀中葉からヨーロッパ諸国に伝播し,社交や芸術の場としてのコーヒーハウスが次々に開業され,17世紀半ばには北米に伝わる。植民地支配のもとで,コーヒー栽培は,南・東南アジアやカリブ海諸国・中南米に普及していく。ブラジルの急成長を経て,赤道を挟んだ南北緯25度の「コーヒー・ベルト」と呼ばれる途上国地域でコーヒーは生産され,とりわけ北半球の先進工業国で消費されるという構造がつくり出されていくことになる。そして,近年におけるスターバックス現象やフェア・トレード*1などの新たな展開へと続いていく（ワイルド 2004; ラティンジャー&ディカム 2008; 小澤 2010）。コーヒーは,まさに「グローバル化時代の南北問題を鮮やかに象徴する農業生産品」(小澤 2010: 5-6) といえるのである。

　アラビカ種コーヒー豆の価格水準を決めるのは,ニューヨークでの先物価格である。1882年,最大輸入消費国であった米国は,ニューヨークにコーヒーの先物取引所を設置した。世界の輸出量の約3割を占めるブラジルの天候,生産・輸出量と,それに反応する投機家の動向が変動要因となり,コーヒー大国ブラジルが豊作であるか,霜害などで不作であるのかにより,相場が大きく変動する。1962年に,コーヒー価格の安定政策である国際コーヒー協定 (ICA) の締結が実現した。背景には,東西冷戦時代に中南米諸国に対して巨額の経済援助を行っていた米国が,共産化拡大を阻止するという意図もあったが,ICAに主要な生産国と消費国・輸入国政府が参加したことの意義は大きかった。翌1963年には,ICAの運営を管理する組織として,国際コーヒー機関 (ICO) が国連の下部機関として発足した。1963年から1989年までは,ICOが市場統制機能

を発揮し，比較的平穏な時代が続いたが，1989年に，ICA の機能が停止する。その直後からコーヒー価格の下落が始まり，史上最安値にまで下落し，その後の5年間は低水準に留まる。一方，ベトナムでのコーヒー栽培が急成長し，1990年代にインドとウガンダでは30％の増産，グアテマラとエチオピアでは20〜25％の増産．これらに加え，コーヒー大国ブラジルが1998〜1999年にかけて大豊作となり，需要超過のコーヒーバブルとなる。こうした幾つかの状況が，2001〜2002年の「コーヒー危機」を引き起こし，世界の2500万人ともいわれるコーヒー生産者が貧困にあえぐことになった（ワイルド 2004; ラティンジャー＆ディカム 2008; 山田 2008）。

タンザニアのコーヒー栽培

タンザニアでは，1868年にザンジバルで伝道活動を始めたフランスのキリスト教宣教師が，アラビカ種コーヒー豆の木を持ち込んだのが，コーヒー栽培の起源といわれている。タンザニア本土では6カ所で試験栽培され，最も生産に適していたのがアフリカ最高峰(5895m)のキリマンジャロ山中であったという。キリマンジャロでは，1901年に始まる伝道活動の一環としての普及と，1890年に始まる，当時植民地支配をしていたドイツによる普及活動との双方があり，小農民にコーヒー生産を奨励する政策は，イギリスによる植民地支配後も継続して行われた（辻村 2005）。

タンザニアのコーヒー栽培は，北部高地と南部高地を中心に広がり，コーヒーはタンザニアの主要輸出農産物の位置を占めていくことになる。植民地期に導入されたサイザル麻，コーヒー，ワタ，紅茶，タバコ，カシューナッツといった6大輸出農産物の輸出額の合計は1961年には輸出総額の60％を占め，その後サイザル麻に代わってコーヒーが輸出を主導する形で，1998年までほぼ50％を割ることなく推移している（池野 2010: 67）。その後，コーヒー危機にともなう減産や金の輸出急増の結果，2009年の主要輸出品をみると，1兆0582億タンザニア・シリングで，金が1位となり，2位の1500億シリングのコーヒーを圧倒的に引き離している。しかし主要輸出農産物としては，コーヒーが依然として1位を維持し，タバコ，ワタ，紅茶が続いている（Tanzania NBS 2010: 26）。

タンザニアのコーヒー栽培の特徴としては，大部分が小農民による生産である点が挙げられる。コーヒー大国であるブラジルには，500haを超える大規模農園も多く，農業機械を活用し，大量にコーヒーが生産されるというが，タンザニアではコーヒー豆の約9割が，小農民の1ha程の畑での栽培である（辻村 2009: 91）。また，国内消費量の少なさも特徴である。中南米諸国はもとより，アフリカ最大の生産国であるエチオピアでも，生産量の48.5％（2001～05年平均）が国内消費されているが，タンザニアの場合は，わずか4.2％（2001～05年平均）が国内消費されているにすぎない。アフリカ地域全体としても国際的なコーヒー市場で次第に周縁化されつつあるが，国内消費量が少なく，大部分を輸出に依存するタンザニアは，国際価格の変動をより直接的に受けることになり，ますます価格交渉力を低下させている（池野 2010: 113）。

構造調整政策の影響

　タンザニアでは，1986年に，世銀・IMF主導の構造調整政策*2が導入された。それにより，貿易自由化，金融制度改革，信用創出の制限，公営企業の民営化，公務員数の削減，教育費や医療費に対する受益者負担の導入等が義務付けられ，農作物流通ならびに農産物価格の国家管理を廃止することが盛り込まれた（池野 2010）。構造調整政策導入によるコーヒー産業への影響として，コーヒー買付制度に変化がもたらされた。以前は，各州の協同組合連合会（cooperative union）が，単位協同組合（primary cooperative）を通じてコーヒーを買い付ける単一経路であったが，1994/95年度の買付年度からタンザニア・コーヒー公社（Tanzania Coffee Board）と県行政府の認可を受けて，民間業者の買付への参入が認められるようになった。コーヒー流通の自由化により，自由化以前から輸出業務を担ってきた多国籍企業あるいはその子会社である民間業者が，輸出ライセンスに加えて，農村買付と加工のライセンスを新たに取得できるようになったのである。こうした制度改革は，1989年の国際コーヒー協定（ICA）の失効や，2001～2002年の「コーヒー危機」のなかで実施され，生産者価格は低迷し，生産者の生活はさらに苦しくなっていった（辻村 2009; 池野 2010）。

第5章　コーヒーからみえてくるグローバル化とは

3　タンザニア・キリマンジャロ山におけるコーヒー栽培

タンザニアの3大コーヒー産地

　ここからは，タンザニアのコーヒー生産地の状況をみていきたい。タンザニアには，3大コーヒー産地と呼ばれる地域がある。キリマンジャロ山麓及びその周辺部の北部高地，ムベヤ州ムボジ県とルヴマ州ムビンガ県などの南部高地，カゲラ州などの湖西地域である（図5-1）。北部高地と南部高地が，水洗式で加工されたマイルド・アラビカ豆を生産しているが，これらが「キリマンジャロ」コーヒーというブランド名で呼ばれているコーヒーである。一方，湖西地域で

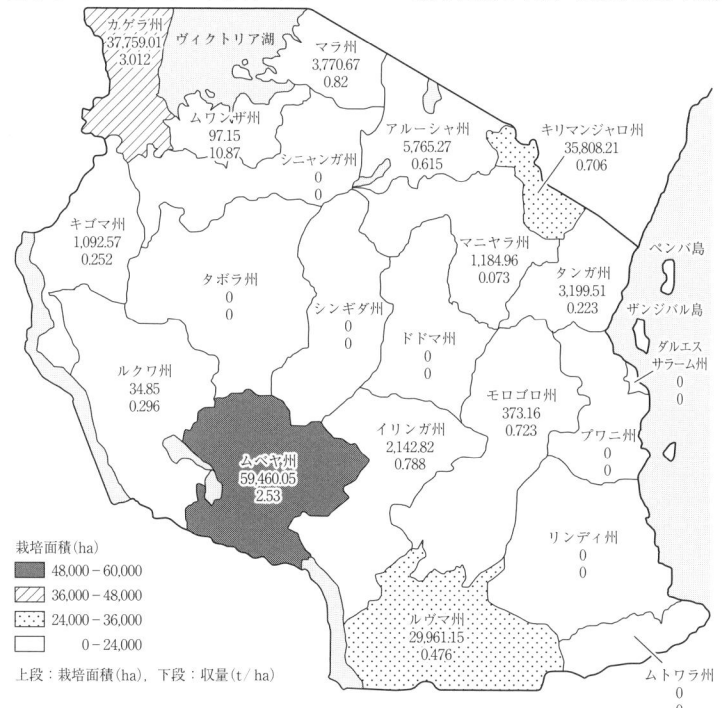

図5-1　タンザニアの州別にみたコーヒーの栽培面積と収量（2002/2003年度）

州	栽培面積(ha)	収量(t/ha)
カゲラ州	37,759.01	3.012
マラ州	3,770.67	0.82
ムワンザ州	97.15	10.87
アルーシャ州	5,765.27	0.615
キリマンジャロ州	35,808.21	0.706
キゴマ州	1,092.57	0.252
マニヤラ州	1,184.96	0.073
タンガ州	3,199.51	0.223
シニャンガ州	0	
タボラ州	0	
シンギダ州	0	
ドドマ州	0	
ルクワ州	34.85	0.296
ムベヤ州	59,460.05	2.53
イリンガ州	2,142.82	0.788
モロゴロ州	373.16	0.723
プワニ州	0	
ダルエスサラーム州	0	
リンディ州	0	
ルヴマ州	29,961.15	0.476
ムトワラ州	0	

栽培面積(ha)
- 48,000 – 60,000
- 36,000 – 48,000
- 24,000 – 36,000
- 0 – 24,000

上段：栽培面積(ha)，下段：収量(t/ha)

出典：Tanzania, National Bureau of Statistics 2006: 61.

はハード・アラビカ豆と乾式で加工されたロブスタ豆が生産されている（辻村 2005; 池野 2010）。マイルド・アラビカ豆は，1980年代初期までは北部高地が圧倒的な生産量を占めていたが，そのあと激減し，代わって南部高地が生産を伸ばし，キリマンジャロ山から遠く離れた南部高地が，「キリマンジャロ」コーヒーの過半を生産する主産地となっている（池野 2010）。まず本節では，北部高地に位置するキリマンジャロ山を，4節と5節で，南部高地の生産地のひとつであるルヴマ州ムビンガ県をとりあげる。

キリマンジャロ山のコーヒー生産農民

私が初めてタンザニアでコーヒーを生産する人びとに出会ったのは，1998年のことであった。キリマンジャロ山の裾野で実施されていた国際協力機構（JICA）のプロジェクトに3カ月程携わるなかで，キリマンジャロ山でのコーヒー栽培に関心を持つようになり，コーヒー生産農家に数日間ではあるが滞在させてもらった。お世話になったNさんは1939年にキリマンジャロ山のJ村に生まれ，妻と9人の子供があり，1952年から小・中学校の教師を歴任，1984年に退職するまで教職に携わる傍ら，1800本のコーヒーの木と食用バナナ，豆類を栽培し，牛3頭を飼育していた。

Nさんのようにキリマンジャロ山に住むチャガの人びとは，伝統的な灌漑システムをもとに，集約的な農業を営んできた。冷涼な気候と適度な雨量とを活かして，換金作物のコーヒーと主食のバナナ，豆，ヤムイモが混作されているホームガーデン（*kihanga*）とトウモロコシ栽培，それらに牧畜を加えた，複合的・多目的な農業システムを発展させてきた。コーヒーの上質の香味には，標高の高さによる一日の気温差が大きな影響をおよぼすというが，朝靄のなかの凛とした冷気と日中の汗ばむ暑さとの対比が印象的であった。また，山肌を網の目のように流れる水路には目を見張った。Nさんの祖父が中心となり，1850年頃に灌漑水路を建設したというが，山腹に溜池が作られ，水門から水路が始まり，地表水を水路に分流して畑を灌漑する仕組みになっている。コーヒー，バナナ，豆の混作は，キリマンジャロの山から懇々と湧き出る水とその地水の流れを熟知した在来の知恵のうえに培われているのだと納得した。

しかし一方で、1998年当時、名だたる「キリマンジャロ」コーヒーの生産地も、先に述べた経済の自由化の大きな波にさらされていた。山の斜面のコーヒー畑を歩いていると、切り倒されたり、枯れているコーヒーの木を目にした。コーヒーの木を切りトウモロコシ畑に、あるいは花や野菜を作り、近郊のモシやアルーシャなどの都市に運び、販売するという。私の訪問後の2001～2002年には、世界的なコーヒー危機にみまわれ、コーヒー豆の価格がさらに低迷し、生産者の暮らしに深刻な影響を与えていくことになった。キリマンジャロ山で継続的に調査を行っている辻村（2009）は、コーヒー危機の影響として、農業経営費、農林畜複合経営、教育・医療費、食糧保障機能などへの多面的な影響を報告している。

コーヒー経済低迷への農民の対応

さて、コーヒー生産農家は、このような状況にどのように対応していったのであろうか。池野（2010: 118）は、農業投入財の入手が困難であるという条件のもとで、コーヒー生産者価格が下落した場合、コーヒー農家が採りうる「自衛策」を、次のa）からe）に整理している。

a) 無策（ひたすらコーヒー価格の回復を待つ）
b) コーヒー部門内での自衛策：①コーヒー生産（栽培地、樹木数）の拡大、②製品差別化（有機栽培コーヒー、フェア・トレード等）
c) 農業部門（畜産を含む）内での自衛策：①コーヒー栽培地で他の作物へ作目転換（国内市場向けのトウモロコシ、料理用バナナ生産等）、②農業部門の他の下位部門への主軸移行
d) 農業部門以外への主軸移行：①村内および周辺地域での農村非農業就業の展開、②都市部等での移動労働に従事
e) 他地域での営農をめざしてコーヒー産地から挙家離村（農村間移住）

——である。
池野（2010）は、北部高地と南部高地はともに、大多数の農家がa）の無策であったが、北部高地ではc）、d）、e）の「自衛策」もとられたと推測している。これは、辻村（2009）の報告にも合致しており、キリマンジャロ山の農民は危機的

な状況に際し，c)のトウモロコシや牛乳生産用の牧草等の他産物の生産や，d)にあたる街への出稼ぎなどで対応したという。

　一方，近年になり，コーヒー農民への支援をほとんど行ってこなかった政府や，農民側から新たな動きがみられるようになってきている。まず，タンザニア政府による政策としては，2002年度，小農民を支援するために流通制度が変更され，民間業者を規制するシングル・ライセンス制度が導入された。これにより民間業者は，農村買付・加工・輸出のうち，ひとつのライセンスしか所有できなくなった。多国籍企業は，農村買付と加工のために子会社を設立するか，農村買付を断念するかの選択をせまられることになる（辻村 2009; 池野 2010）。また，農民の側からは，たんに国際価格に従属するのではなく，自律的・内発的に危機から脱却しようとし,単位協同組合や生産者組織が,直接競売所にコーヒーを販売するという動きがみられるようになった。辻村（2009: 111）は，「植民地期の100年余り前，タンザニアにおいて小農民がコーヒー生産を始めて以来，初めて実現する画期的なできごとである」と評価している。

4　南部高地ムビンガ県におけるコーヒー栽培

マテンゴの人びとの営み

　本節と5節では，南部高地のコーヒー産地のひとつである，ルヴマ州ムビンガ県をとりあげる。私は2000年からムビンガ県にて地域開発のプロジェクトに参画する機会を得，そこでのコーヒー栽培に関心をいだくようになった。この地に居住するマテンゴの人びとは，19世紀半ばに南部アフリカから北上してきたンゴニと呼ばれる民族の侵攻をうけ，ムビンガ県中西部の急峻な山地に移り住む。狭まれた山域内に多くの人びとが集住する状況に追い込まれ，ンゴロ（*ngolo*）農法と呼ばれる集約的な農法が生み出された。これは，山地斜面に格子状の畝を造ることで，土壌浸食を防ぎ，畝に雑草を埋め込むことにより有機肥料の確保にもつながる農法である。また,1920年代後半,ムビンガ県にコーヒー栽培が導入され，それ以降コーヒーは換金作物としての重要な位置を占めるようになり，ほぼ在来化し，今日に至っている（写真 5-1）。

マテンゴの基本的な生業形態は，主食となるトウモロコシとインゲンマメ生産を担うンゴロ畑と換金用のコーヒー畑を組み合わせたものである。コーヒーという換金作物の生産に特化し，その収入で食糧を購入するという行動様式はとらず，ンゴロ畑とコーヒー畑のセットが基本である。農作業は，ンタンボ*3（*ntambo*）という川の支流に囲まれた山腹域で営まれている。ひとつのンタンボ内の人口が増加すると，一部の構成員は新たなンタンボを求めて移住していく。1950年代頃から，人口が飽和状態になった旧村から新開地（新村）への移住がみられるようになっている（掛谷 2001; 加藤 2001）。

写真5-1　コーヒーの実を摘む女性

コーヒー経済の低迷

　ムビンガ県の経済は，1920年代から長年に渡りコーヒーに支えられてきた。ところが，1994年に大きな転機を迎えることになる。2節で述べたように，タンザニアでは1994/95年度の買付年度からコーヒーの流通が自由化され，ムビンガ県も多大なる影響を受けることになった。経済の自由化が本格的に進み，農薬や化学肥料などの農業投入財が高騰し，農業や生活の基盤が揺らぎ始める。また，大小様々な民間コーヒー買付業者の参入により自由競争が激化し，1996年，コーヒー生産全般を支えてきたムビンガ協同組合（Mbinga Cooperative Union：MBICU）が，自由競争に耐えられず倒産するという一大事が起こる。MBICUの崩壊により，以前はMBICUを通して提供されていた農業投入財を農民自らの責任で購入しなくてはならなくなる。入手は困難であり，その結果，コーヒーの木の管理に支障をきたし，品質低下による価格の低下を招くことになる。コーヒーの木を維持するために，農地の拡大と薪炭販売を目的として樹木が切られ，森林破壊をまねく誘引ともなっていた（SCSRD/JICA 2004）。構造調整政策の導入にともなう教育費・医療費などの受益者負担も，世帯の支出を

増大させ，人びとの暮らしはますます苦しくなっていった。

コーヒー生産農民の対応

3節で紹介した池野によるコーヒー農民の「自衛策」に沿って整理してみると，ムビンガ県では，a) 無策，およびb) ①コーヒー生産の拡大，b) ②製品差別化などの対応がとられた。c) の農業部門内やd) の農業部門以外への主軸移行などの「自衛策」に関しては，アルーシャやモシなどの都市や隣国ケニアにも近い北部高地とは異なり，辺境に位置している南部高地では，コーヒー以外の農作物を売る市場が欠如しており可能性が低い。また，マテンゴの人びとにとってコーヒーは自らのアイデンティティに結びつくものであり，よほどのことがない限り伐採するという選択肢はもちえない。

a) の無策で，ひたすらコーヒー価格の回復を待つという「自衛策」であるが，加藤（2001）の研究が示唆に富んでいる。1998年の多くの世帯は，「サブシステンスでの待機」でしのいだという。つまり，ンゴロ畑への化学肥料の投入は持続しサブシステンス用の食糧の確保を優先しつつ，コーヒー栽培において重要である農薬の散布や剪定・除草を怠らない。農業投入財を購入する資金が乏しいときは，化学肥料よりも農薬散布を優先させるという戦略である。農民はコーヒー豆の国際市場価格が変動しやすいことを承知しており，それゆえ長期的な視野のもとでコーヒー栽培に手間をかけ，状況が好転した時に，再び単収の増大をめざす集約的な多肥栽培に向かうのである。

b) のコーヒー部門内での「自衛策」であるが，b) ①のコーヒー生産の拡大は，南部高地全体としては拡大傾向にある。Mhando & Itani（2007）によるムビンガ県でのコーヒー生産農家60世帯への聞き取り調査によると，半数にあたる30世帯が拡大し，15世帯が現状維持，15世帯が縮小したという。

b) ②については，キリマンジャロ州と同様ムビンガ県でも，フェア・トレードの試みや農民が直接競売所にコーヒーを持ち込み販売する動きがみられるようになってきている。タンザニア・コーヒー調査研究所（Tanzania Coffee Research Institute：TaCRI）ムビンガ支部では，研究所の圃場での実験や普及活動を行う一方，農民グループを通してコーヒーの品質向上や改良種の栽培など

第5章　コーヒーからみえてくるグローバル化とは

の強化，品質のよいコーヒー豆を直接競売所にて販売する活動を支援している。また，2001年に北部高地のモシとアルーシャにて結成されたコーヒー生産者連合（Association of Kilimanjaro Specialty Coffee Growers：AKSCG）は，2002年にムビンガ県に支部を設置し，20～100人の農民事業グループ（Farmers' Business Group：FBG）を通して，コーヒーの品質向上や，コーヒー豆の競売所での直接販売などの活動を行っている。北部高地の36グループ，南部高地の別の生産地であるムベヤ州の24グループに比べると，ムビンガ県のグループ数は120と群を抜いて多く，グループ間のネットワークも形成されつつある。

5　内部者と外部者との協働

地域開発実践の試み

　農民による「自衛策」や農民組織の動きをみてきたが，外部者との協働も重要である。ここでは，JICA のソコイネ農業大学地域開発センター（SUA Center for Sustainable Rural Development：SCSRD）プロジェクトや，それに続く展開のなかでみられた外部者との協働のあり方を考察していきたい。

　SCSRD プロジェクトは，2つの対象地（ムビンガ県マテンゴ高地，モロゴロ地方県ウルグル山塊）での活動を通して，「持続的な地域開発手法（SUA メソッド）」を練り上げることを目的とした。SCSRD プロジェクトが実施された時期（1999年5月から2004年4月までの5年間）は，上述したようにムビンガ県の農民は，コーヒー価格の低迷，農業投入財の高騰などに直面し，「サブシステンスの待機」でしのいでいた時期であった。プロジェクトでは，住民との対話をもとに，コーヒー価格の低迷による農村経済の困窮と環境劣化を主要な問題と位置づけた。それらに対処していくために，①食材の多様化，食料の安定供給，②コーヒーに依存していた経済活動の多様化，③出費削減，④環境の復元という4つの目標を据え，諸活動を立案・実施していった（SCSRD/JICA 2004）。

　プロジェクト地のひとつであるK村は，標高1300～2000m 程の山地斜面にあり，人口2440人程の村である。私は，SCSRD プロジェクト実施期間のうち計3年ほど，JICA 専門家として参加したことを機に，K村に通うようになり，2005

年に5カ月程，住み込みの調査を行い，2006年からはほぼ毎年8月にK村を訪れている。1999年のプロジェクト開始から2010年に至る約10年の歳月の間に，K村では，水力製粉機建設事業，植林活動，農民グループ活動，小学校・診療所の修復工事，中学校建設，小型水力製粉機建設，給水事業などが次々と実施されていくことになった（荒木 2011）。ここでは，様々な活動のなかから，コーヒーに関連した幾つかの活動をみていくことにする。

出費の削減と養豚

穀物とりわけトウモロコシの製粉は，日々の生活に密接に関わっている。タンザニアでは一般にディーゼル製粉機で穀物を製粉するが，原油価格が上昇するにつれて家計に占める製粉費の割合が家計を圧迫するようになり，ハイドロミル（水力製粉機）建設事業が提案された。ハイドロミルは，河川の水力を利用し，水を高いところから落とし，その力を利用して粉砕機をまわす構造になっている。インフラを整備してしまえば，原油を使わず水力で稼働するハイドロミルは，安価での穀物製粉を可能とし，出費の削減につながる。また，土地に余裕のないK村では，不安定なコーヒー収入を補ったり，教育や医療費などの臨時・緊急時の出費をまかなうために養豚が盛んにおこなわれている。トウモロコシを製粉する際に出るプンバ（種皮と胚）はブタの主要な飼料であり，ハイドロミルによってプンバを得られるということは住民にとって大きなインセンティブとなった。このように，ハイドロミル設置は，出費の削減と不安定なコーヒー収入の補填などの面から人びとの生活を助けることになった。

「農民グループ」活動

2002年頃から「農民グループ (kikundi)」が結成され始め，2005年末までに計12の農民グループが組織されるに至った。①食料の安定供給，②コーヒーに依存していた経済活動の多様化，③出費削減，④環境の復元という目的を念頭に，各グループは，養魚・養蜂・植林・低地利用・融資を得るための銀行口座開設などの活動を展開していった。

ここで注目したいことは，K村での農民グループ活動では，諸活動を通して

「地域の活性化や環境保全」を目指すとともに，グループの目的を増幅し，サブシステンスを維持するための共同労働や講のシステムを柔軟に取り込んでいたことである。在来の共同労働のひとつに，ンゴケラがある（写真5-2）。ホストが親族や近隣の友人に声をかけて畑仕事を手伝ってもらい，作業後にその返礼として肉料理や酒がふるまわれる。このような共同労働は，サ

写真5-2　共同労働ンゴケラでコーヒーの実を摘む人びと

ブシステンスを維持するために適宜組織されるものであるが，この共同労働をグループ活動に組み入れ，メンバーのンゴロ畑やコーヒー畑での農作業を頻繁に行う農民グループがでてきたのである。また，農民グループ活動の目的として，「甥や姪の教育のために」，「昔に比べると親族間での助け合いが減ってきているので，それに代わる機能が必要だ」というような理由が挙げられている。

こうした動きの背景には，経済の自由化や個人主義が強まるなかで，弱まっていく親族間や近隣の人びととの絆や相互扶助を補強したいという住民の思いや意志があるといえよう。いいかえれば，1990年代からムビンガ県が直面してきた，コーヒー流通の自由化・コーヒー経済の低迷・協同組合の崩壊などの大きな波のなかに「個」として放り出された農民が，経済活動の多様化や情報へのアクセスなどを求めるとともに，農民同士の連携を補強する「共」の結びつきを必要としており，そうした社会経済的なニーズが，「農民グループ」などの形で具現化してきたといえるのではあるまいか。

給水事業にみる外部アクターとの協働

K村では，先に述べたハイドロミル建設に続き，診療所と小学校の修復工事，ついで中学校建設に着手するなど継続的に活動が実施されていった。ハイドロミル建設や農民グループ活動といった住民主体の事業や活動を行ってきたことで，住民のなかに計画を構想し，実行していくというキャパシティ（能力）が育まれていった。その一環として，2006年以降急速に，村区レベルでの給水事業

が進められている。村区により異なるアプローチが取られ，数世帯〜20世帯程の小規模な給水事業から100世帯規模での給水事業まで多岐に渡っている。

　このような住民による主体的・内発的な給水事業の展開の背景には，いくつかの条件・要因が複合的に関係している。第一に，山間部という地形的特長と，稜線近くにも湧水地があることを活かし，比較的簡単に配水ができる。重力を用いた給水事業が実施でき，インフラを整備してしまえば，ランニング・コストはかからないという利点がある。また，配水工事では，マテンゴが長年，斜面でのンゴロ農法やコーヒー栽培で培ってきた斜面地での耕作技術や，斜面を流れ落ちる水をコントロールする治水の技術や知識が存分に活かされている。

　コーヒーとの直接的な関連では，コーヒー価格の回復や自由化された経済の仕組みが給水事業の追い風となった。必要な資材に掛る費用はコーヒーで支払われたが，2005年以前には300〜800シリング/kgであったコーヒー価格が，2006年以降は，1150〜1500シリング/kgにまで大幅に上昇したことで，経費の捻出が可能となった。また，特筆すべきことは，民間のコーヒー買付業者との連携がみられたことである。この頃ムビンガの街では，多くの民間コーヒー買付業者が事務所を構え，コーヒー収集にしのぎをけずっていた。コーヒーを集める手段のひとつとして，学費・農業投入財・食糧などの購入費を農家に貸し，コーヒーで返済させるというやり方をとる業者も現れていた。M村区では，100世帯規模の給水事業を実施するに際して，ある業者と交渉し，給水事業に必要なボンベやパイプなどの資材の調達と地形の測量をしてもらうという条件で，それらに掛かる費用をコーヒーで支払うという取り決めを交わした。この業者は，次のように語った。「コーヒーを集めに村々を回っている際に，農民が直面している問題に気づくようになった。コーヒーを生産している農民に何らかの形で支援をしたいと思うようになった。そこで，食糧・学費・農業投入財・給水事業に限って農民に費用を貸し出し，コーヒーで返してもらうことにした」と。コーヒーをめぐる状況が変化するなかで，民間のコーヒー買付業者とコーヒー生産農民との新たな関係性形成の兆しがうかがえる事例でもある。

6 おわりに

　コーヒーは，私たちの日常生活に深く浸透している。仕事や勉強のかたわらに，休憩のひとときに，友人との語らいの場に，様々な場面にコーヒーは登場する。しかし，一杯のコーヒーが手元に届くまでにどのような旅路を経てきたのか，生産者価格との差は何倍になったのか，その旅路の始まりにはどのような人びとがいるのかを考えることは稀であろう。

　本章では，「キリマンジャロ」コーヒーというブランド名で，日本でもなじみのあるタンザニアのコーヒー生産地を紹介した。2つの生産地ともに，コーヒー栽培には長い歴史を持ち，コーヒーは在来の営みの一部に組み込まれ，地域の人びとにとってはアイデンティティともなっている。ところが1980年代半ばからの構造調整政策導入や2001〜2002年のコーヒー危機などの影響をうけ，コーヒー生産農民は大きな変化にさらされ，様々な対応を迫られてきた。一杯のコーヒーの遥かかなたではあるが，互いにつながっている生産者の営みに，時に思いを馳せる必要があるのではあるまいか。私たちの周りに溢れているコーヒー以外のモノについても同様なことがいえよう。

　グローバル化には，光と影の両側面がある。とりわけ「弱者」には負のインパクトが大きく，タンザニアのコーヒー生産農民も大きな打撃を受けてきた。しかし一方で，タンザニアで出会った人びとは，困難や障害があるなかでも，現状を切り開いていく力をひめ，実生活のなかでの生きにくさから抜け道を模索し，工夫をこらしながら生きている側面をも兼ね備えている。グローバル化のもとでの負の影響やその原因・構造を掘り下げていくと同時に，アフリカの農民が潜在的に秘めているポテンシャルにも目を向けたい。さらにいえば，困難や閉塞感・危機感のなかにある私たち日本人が，アフリカの人びとの生き方から学ぶべきことも多々あるのである。

　グローバル化時代に生きる私たちは，グローバルに繋がる人びとに思いを馳せる「想像力」と，ローカルの場でそれぞれに生きる人びとが，相互に学びあい，新たな社会を築いていく「創造力」の双方を求められているといえよう。

〈用語解説〉

*1　フェア・トレード　fair trade
　「公正な貿易」。グローバルな国際貿易の仕組みは，経済的・社会的に弱い立場の途上国の人びとにとって，「アンフェア（不公平）」であり，貧困を拡大させるものだという問題意識から，南北の経済格差を是正することを意図して始まった運動。

*2　構造調整政策　Structural Adjustment Program：SAP
　国際通貨基金（IMF）や世界銀行から金融支援を受ける前提として，途上国政府に対し要請された経済構造や経済政策への改革案。

*3　ンタンボ
　マテンゴ社会を構成する社会生態的単位であり，土地保有や日々の生活における物質生産・消費の単位。

〈参考文献〉

荒木美奈子 2011　「「ゆるやかな共」の創出と内発的発展――キンディンバ村における地域開発実践をめぐって」『アフリカ地域研究と農村開発』（掛谷誠・伊谷樹一編）京都大学学術出版会，300-324頁

池野旬 2010　『アフリカ農村と貧困削減――タンザニア 開発と遭遇する地域』京都大学学術出版会

小澤卓也 2010　『コーヒーのグローバル・ヒストリー――赤いダイヤか，黒い悪魔か』ミネルヴァ書房

掛谷誠 2001　「アフリカ地域研究と国際協力――在来農業と地域発展」『アジア・アフリカ地域研究』（1），68-80頁

加藤正彦 2001　「タンザニア・マテンゴ高地の集約的農業をめぐる社会生態」『アフリカ研究』（59），53-70頁

辻村英之 2005　『コーヒーと南北問題――「キリマンジャロ」のフードシステム』日本経済評論社

―――― 2009　『おいしいコーヒーの経済論――「キリマンジャロ」の苦い現実』太田出版

古沢紘造 2008　「森林破壊と人びとの暮らし――タンザニアの事例から」『村落開発と環境保全――住民の目線で考える』（草野孝久編）古今書院，33-52頁

山田早苗 2008　「国際コーヒー機関の歴史と役割――世界市場の統制から量と質の安定へ向けて」『季刊［あっと］at』（11），17-23頁

ライフ・リサーチ・プロジェクト編 2007 『世界の資源地図』青春出版社
ラティンジャー，ニーナ＆グレゴリー・ディカム 2008 『コーヒー学のすすめ——豆の栽培からカップ一杯まで』（辻村英之監訳）世界思想社
ワイルド，アントニー 2004 『コーヒーの真実——世界中を虜にした嗜好品の歴史と現在』（三角和代訳）白揚社
Mhando, D. & J. Itani 2007 "Farmers' Coping Strategies to a Changed Coffee Market after Economic Liberalization: The Case of Mbinga District in Tanzania", *African Study Monographs*, Suppl. 36: 39-58.
SCSRD/JICA 2004 *SUA Method Concept and Case Studies*, DSM.
Tanzania, National Bureau of Statistics 2006 *National Sample Census of Agriculture 2002/2003 Small Holder Agriculture Vol.II: Crop Sector.*
Tanzania, National Bureau of Statistics 2010 *Tanzania in Figures 2009.*

〈発展学習〉

ラティンジャー，ニーナ＆グレゴリー・ディカム 2008 『コーヒー学のすすめ』（辻村英之監訳）世界思想社
ワイルド，アントニー 2004 『コーヒーの真実』（三角和代訳）白揚社
　この2冊は，歴史学・植物学・農学・経済学・社会学・地理学・薬学・社会運動論など幅広い視点からコーヒーについての知識を提供してくれる。

辻村英之 2009 『おいしいコーヒーの経済論』太田出版
　キリマンジャロ山のコーヒー農家の暮しぶりからフェア・トレード，グローバル・フードシステムまで，コーヒーを巡る多面的な側面を描き，全体像を示している。コーヒー大国ブラジルを初めとしたラテンアメリカ諸国や消費大国・米国を事例としている小澤卓也『コーヒーのグローバル・ヒストリー』（ミネルヴァ書房，2010年）と併せて読むことで，地域的な比較ができる。

マーク・フランシス／ニック・フランシス監督 2006 映画『おいしいコーヒーの真実』（原題：Black Gold）
　エチオピアのオロミア州コーヒー農協連合会代表の行動を通して，エチオピアのコーヒー生産者からニューヨーク取引市場や先進国のカフェやスーパーマーケットに至るまで，コーヒーの長い旅路にこめられた意味と仕組みを辿るドキュメンタリー映画である。映像を通して，グローバル時代の「共時性」が描きだされている。

第6章

イスラーム世界は何を語りかけるか

三浦　徹

1　グローバル化するイスラーム

砂漠のなかの蜃気楼

　グローバル化すなわちアメリカ化という印象がある。しかしいまや，ニューヨークを思わせる高層ビル街は，ケニアのナイロビにも，インドネシアのジャカルタにも，アラブ首長国連邦（UAE）のドバイにも見られる。ドバイにはツインタワーや半月型の超モダンなビルが林立し，まさに砂漠の蜃気楼である。

　アラブ首長国連邦は，アラビア半島の東側ペルシア湾に望み，7つの首長国（emirate）からなる連邦国家で，1971年にイギリスの保護領から独立した。面積84000km^2，その大部分はいわゆる砂漠である。石油エネルギー資源に恵まれ，原油埋蔵量は約970億バレルで世界の第6位（7.3％），日本の原油輸入の約4分の1をしめる。1970年代後半から石油収入によって急成長し，アラブや南アジアなどイスラーム世界からの移民労働者を受け入れ，人口は10年で倍増し680万を数える。GDPも上昇し個人消費力では世界第14位，人間開発指数で32位となっている（2009年）。

　ドバイは国際交易都市へと変貌している。ドバイ空港は，アジア，アフリカ，ヨーロッパを結ぶ世界のハブ空港として拡大をとげ，日本からもエミレート航空が毎日往復している。エミレート航空は，搭乗員のマルチリンガルを掲げていて，たしかに顔つきや名札をみてもマルチエスニックである。24時間航空機が発着し，ロビーにはアジア系，アフリカ系，欧米系などさまざまな人々の姿

第6章　イスラーム世界は何を語りかけるか

がみられ，仮眠用の椅子も用意され，池を配した小さな庭園でくつろぐこともできる。免税店には酒や煙草やチョコレートや電気機器など各地の高級品がならび，「キャプテン翼」や「名探偵コナン」など日本のアニメのアラビア語版DVDも売られている。ここの店員もマルチエスニックである。国際的な中継交易都市として繁栄するドバイの姿は，ヨーロッパとアジアとアフリカの結節点に位置してきた中東という地域の特徴と，そこから始まったイスラーム化というグローバル化を象徴している。

13世紀のグローバル化

　グローバル化は，狭義には1990年代以降の現象をさすが，アメリカの社会学者ジャネット・アブー=ルゴド（Janet Abu-Lughod）は，イマニュエル・ウォーラーステイン（Immanuel Wallerstein）の世界システム論を受け，13〜14世紀には，アジア，中東，ヨーロッパにある8つのサブシステムをゆるやかに結合した「世界システム」が存在したとし，16世紀以降のヨーロッパの覇権による一体化と区別した。この13世紀世界システムは，多様な文化システムと経済システムが共存・協力し統一システムをもたないことが，16世紀との違いとなる（アブー=ルゴド 2001）。アブー=ルゴドの原著が刊行されたのはソ連邦の崩壊前の1989年であり，著者はその時点でつぎのように述べている。「システムは今や非常に不安定な状態であり，グローバルな衝撃があれば，それは急激な改変を余儀なくされる。ヨーロッパ・西洋の覇権時代は，新しい型の世界征服にとって変わられるのかもしれないが，……むしろ13世紀の世界システムにみられた，複数の中心が相対的なバランスを保つ状態へと回帰しつつあるといえるのかもしれない。しかしそれには新しいゲームのルールへの移行，少なくともヨーロッパが16世紀に導入したルールの終焉が必要である。世界システムが真のグローバル化を遂げるはずの21世紀の新条件下にあっては，諸民族が平和のうちに共存する能力がこれまでよりさらに必要不可欠となる」（アブー=ルゴド 2001: 下192）。彼女のグローバル化という予言は的中したが，2001年の9.11事件以降の世界情勢は，諸民族の平和と共存ではなく，西洋の覇権にむかって歩み出しているようにもみえる。だからこそわたしたちは，現代のグローバル化を歴史

のなかに位置づけ，その特徴がどこにあるのかを考える必要がある。

イスラーム世界

　ここでは，グローバル化の先駆けでありながら21世紀のグローバル化の障壁のようにもいわれる「イスラーム世界」に目をむけ，この問いを考えていきたい。イスラームは7世紀のアラビア半島のメッカに生まれ，わずか百年のあいだに西はイベリア半島から東はアフガニスタンまでに拡大した。9～10世紀には，イスラーム法を基盤とする国家と社会のシステムができ，ユーラシアとアフリカへと延びる国際交易のネットワークが広がっていた。15世紀までにイスラーム世界は，さらに中央アジア，サハラ以南の西アフリカや東アフリカ，東南アジア，中国へと拡大した。そこでは，国境（国家）をこえて商人や学者が往来し，アラビア語が共通語として用いられ，イスラーム法が共通の法となり，これと地域の慣行とを接続しながら，市場交換にもとづく「グローバル・システム」がつくられていた（加藤博 2002, 2005）。イスラーム世界のグローバル・ネットワークは中国までつながっていたが，近代以前の日本は圏外にあった。

　現在，ムスリムの人口は13億から16億といわれ，世界の総人口の4分の1近くをしめ，アジアやアフリカはもとより，欧米にも百万人単位のムスリム移民やその第2世代が暮らしている。日本でも，1990年代以降，教育や仕事などを目的として日本に滞在するムスリムや改宗した日本人ムスリムが増え，その数は12万人をこえ，モスクの数も60にのぼっている。他方で，イスラーム世界は「わかりにくい」という印象が抱かれている。その理由のひとつとして，日本と直接の交流が少なく，知識が不足していることが挙げられる。本当にそうなのだろうか。この25年間で中東を専門とする研究者の数は倍増し，国際的な規模での研究プログラムも行われ，出版やマスメディアによって提供される知識や情報も増えている。しかし，教育の場であるいは市民の間で中東やイスラーム世界は依然として「遠い世界」で，そこには私たちの「異文化」に対する認識や理解の仕方の問題が潜んでいる。

2 日本のイスラーム認識

高校生と大学生のアンケート調査

　9.11事件のあと，2003年に首都圏の高校生を対象として，イスラームについてのアンケート調査が行われ，高校生がイスラームについて「厳格な教義」で，「奇妙な習慣」をもち，「結束力が強く」「不寛容」で「攻撃的」「不可解」というイメージを強くもっていることが明らかにされた（松本 2006）。このアンケート調査を実施した松本高明は，このような傾向がイスラームについての知識や関心をもつ生徒の方に強く見られることを指摘した。このことは，イスラームについての知識が少ないから誤ったイメージをもつのではないことを示唆している。知識があるほど誤ったイメージをもつのであるとすれば，私たちは，どのように教え，学べばいいのだろうか。このような疑問から，私自身が勤務する大学の授業でも同じアンケートを実施した。

　アンケート調査では，イスラームに関わる知識についての設問が用意されている。第1は，タイ，インドネシア，イラク，インド，モンゴル，エジプトの6つの国について，ムスリムが多数をしめるかどうかを〇×で回答する。ここでは平均の正答率は69％であるが，インドネシアの正答率が42％である。インドネシアは，世界最大のムスリム人口をもち（1億8000万），日本との関係も深い。それにも関わらず誤答が多いのは，イスラームイコール砂漠の宗教という思い込みがあるからだろう。大学生の場合も平均正答率は83％であるがインドネシアの正答率は59％とやはり低い。

　つぎにイスラームの教義・習慣や文化に関する18の質問項目のなかで，高い正答率を示しているのは「1日5回の礼拝」「禁酒」「豚肉を食べない」といった項目で，これらは現代日本人の習慣とはかけ離れているため，イスラームは独特の習慣や教義を堅持していると受け取られやすい。他方，正答率が低い項目は，キリスト教やユダヤ教とおなじ「一神教」であること，書道や科学の発展に寄与したこと，欧米のムスリムの存在といった他文化との「共通性」に関わる項目で，これらは約20～30％の正答率である。つまり，異質性が強調され，

第Ⅱ部　ローカルからグローバルへ

図 6-1　イスラームの教義と習慣（正答率）

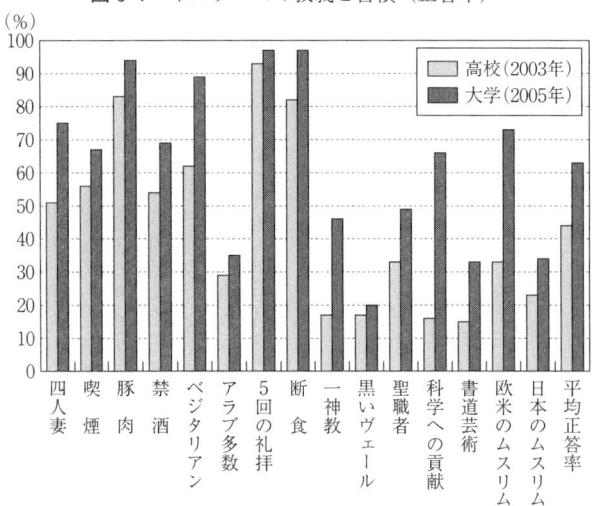

凡例：高校（2003年）／大学（2005年）

項目（左から）：四人妻、喫煙、豚肉、禁酒、ベジタリアン、アラブ多数、5回の礼拝、断食、一神教、黒いヴェール、聖職者、科学への貢献、書道芸術、欧米のムスリム、日本のムスリム、平均正答率

図 6-2　イスラームのイメージ

凡例：高校生（2003年）／大学生（2005年）

項目：不可解、理解可能、弱者救済、砂漠、得体不明、攻撃的、平和的、不自由、自由、奇妙な習慣、結束力、不寛容、寛容、柔軟な教義、厳格、後進的、先進的

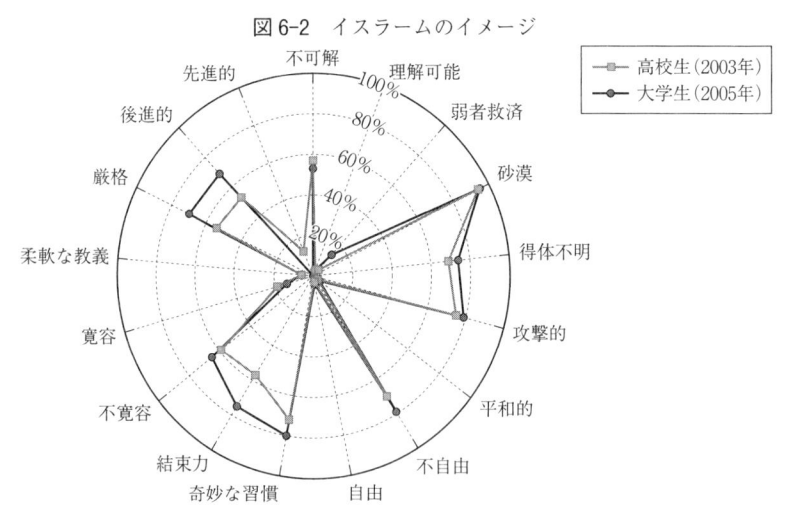

注：アンケートでは，イスラーム，キリスト教，仏教の3つの宗教について，それぞれの項目があてはまるものを記入。このグラフは，項目ごとにイスラームのイメージのしめる割合を示す。

共通性をもっていることは知られていないのである（図6-1）。そこへ現在の「自爆テロ」の報道がくれば、自分たちとはかけ離れた「不可解な」宗教というイメージができあがる。高校生でも大学生でも、先にのべたようなステレオタイプ化されたイスラームのイメージがつくられている（図6-2）。

　高校の教科書ではどのように扱われているのだろうか。戦後から2004年までの世界史教科書における中東に関する記述量は、おおよそ8％から12％で、量的にみて「過少」とはいえない。記述内容では、イスラームという要素が前面にでて（イスラーム帝国、イスラーム社会、イスラーム文化）、イスラームの「普遍性」「寛容性」「融合性」が強調されている。しかし、記述の多くは18世紀以前に偏り、前近代の繁栄とは対照的に、近現代では植民地化や中東戦争など「衰退」や「混乱」が前面にでてくる。生徒にとっては、イスラーム世界は前近代には繁栄していたが、宗教に固執し、近現代は没落し混乱している、というイメージが喚起されやすい。地理の教科書では、乾燥地帯の例としてとりあげられることが多く、そこでは、宗教文化や現代の石油産業にも言及されるが、イスラーム＝砂漠＝石油という固定的な関係図式ができやすい。倫理社会の教科書では、厳格な一神教、政教一致の原則が強調される。いずれも、イスラーム世界の「異質性」が前面にでるのである。

韓国のイスラーム認識

　このようなイメージは日本の高校生だけのものなのだろうか。韓国の高校で同様のアンケートを実施した（2008-09年、ニーズ対応型地域研究「アジアのなかの中東」による）。インドネシアのムスリム人口については韓国の高校生の正答率が64％であり日本のそれより22ポイント高い。教義や習慣については、全体の正答率は同程度で、イスラーム特有の習慣や教義についての正答率が50％から80％であるのに対し、共通性に関わる項目の「一神教」（30％）や「科学への貢献」（20％）については低くなっていて、日本の高校生と同様の傾向を示している。イメージについてはほぼ同様の傾向で、後進的、厳格、不寛容、結束力、奇妙な習慣、不自由、攻撃的、砂漠の宗教、不可解といった項目が目立つ。他方で、キリスト教については、先進的、自由、平和的、というイメージが日本

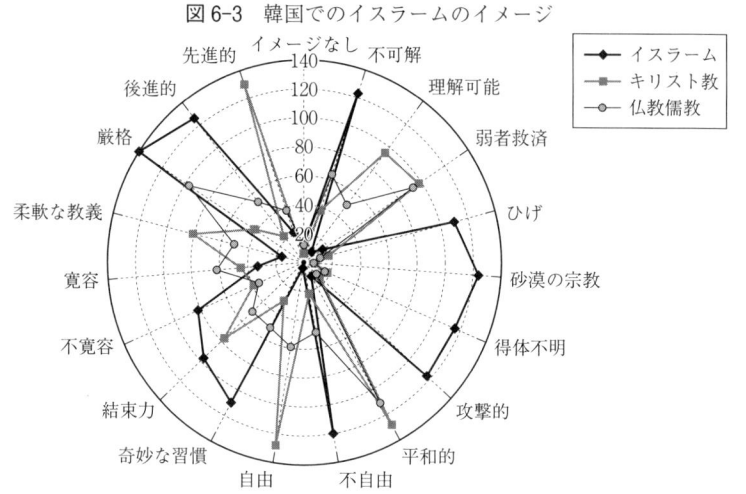

第Ⅱ部　ローカルからグローバルへ

図6-3　韓国でのイスラームのイメージ

出典：ニーズ対応型地域研究「アジアのなかの中東」による調査

のそれよりも強く意識されている（図6-3）。韓国は，日本とおなじく近代以前にはイスラーム世界との直接の接触はなく，朝鮮戦争のときにトルコからの兵が駐留したことから直接の接触が始まり，ムスリム人口は10万人をこえ，現在では輸出入などで中東との経済関係が強まっている。イラク戦争以降中東への関心が高まり出版も増えている（Lee 2007）。

グローバル化と相互理解

　グローバル化時代においては，異なる文化背景をもつ人びととの直接の交流の機会が増加する。そのことは，相互理解につながると期待できるだろうか。
　中東に滞在した日本人ビジネスマンについてのアンケート調査（2008年，ニーズ対応型地域研究「アジアのなかの中東」による）では，現地の住民との接触は，頻繁（5.9％），しばしば（11.4％），ときどき（41.5％）であり，中東に滞在後のイメージの変化については，良くなった（39.2％），変化せず（42.0％），悪くなった（16.7％），同じくイスラームについてのイメージは，良くなった（35.7％），変化せず（59.5％），悪くなった（3.6％）とプラス方向への変化が見られる。
　しかし現在のグローバル社会ではひとびとは競争のもとにおかれ，経済的な

利害が文化や習慣の違いと結びついて，対立や衝突につながる可能性もある。この点でメディアや教育・研究の役割は重要である。マスメディアは，視聴者や読者の目を引きつけるために，それぞれの地域の文化や社会の特質を強調する傾向にある。このことは，地域研究にもあてはまり，研究者もまた，中東やムスリムの独自性や個性を記述することに力を注ぐ。それは，当該地域（たとえば中東）が，他の地域（欧米や中国）と同じであるならば，あえて研究をする必要性がないからである。イスラーム世界についてのネガティヴでステレオタイプ化されたイメージの形成には，研究や教育やメディアの場における文化の違いの強調が関係している。

　このような異文化理解の落とし穴を避けるためには，私たちは，自分の文化と他の文化との違いではなく，意識的に両者の共通性をみつけていく必要があるだろう。そのうえで，同じパーツをもちながらもその組み合わせ方でそれぞれの文化や社会がもつ特性が生じてくることを説明できる道を探るのである。

　第2の問題は，知識と認識のずれである。アンケート調査の結果からわかるように，イスラーム独特の教義や習慣についての知識の正答率は高く，そのこと自体は正しい知識である。しかし，それが奇妙な習慣をもっているという認識を生み，さらに自爆「テロ」といったニュースと結びついて「不可解」な宗教というイメージにつながっている。つまり，正しい知識が正しい認識を生むとは限らず，むしろ誤解を生むことがある。必要とされることは，個々の事項の表面を切り取るのではなく，全体の文脈のなかで理解していく態度であろう。たとえば，礼拝はイスラームの定める信徒の義務であるが，基本は個々人と神＝アッラーとの対話であり，集団礼拝の場合でも遅れた人は自分のペースで礼拝し，遅れて終了する。神との対話によって心身のリフレッシュをするわけで，体操やストレッチにあたるともいえる。このような観点を提示することで，共通性の側からムスリムの習慣を理解し，全体のなかに位置づけることができるのである。次に日本とイスラーム世界の交流の歴史から接点を辿る。

第Ⅱ部　ローカルからグローバルへ

3　日本とイスラーム世界の交流

シルクロードから明治へ

　日本と中東・イスラーム世界との直接の交流は，幕末・明治期に始まる。それ以前にも間接的な交流があり，奈良時代にはシルクロードを経由して文物が渡来し，琵琶や葡萄といった言葉はペルシア語が起源である。戦国から江戸時代にはポルトガルやオランダを経由し，トタン，シロップなど中東起源の物品が伝わった。現在，なにげなく使っているキャンディ，シャーベット，モンスーン，キャラバン，バザーといった言葉も，中東の諸語が起源で，英語などを経由して明治以降に日本にはいってきた。日本が移入した外来文化の多くは，中国や欧米からのものであるが，その背後には中東の文化があり，日本と中東とは知らず知らずのうちにつながっていたのである。また江戸中期の儒学者新井白石はイスラームについて「天主教法と源を同じうして派を異にするものなり」と説明しているが，天主教とはキリスト教のことで，イスラームはキリスト教と同じ一神教である，ということを認識していたことになる（杉田 1995）。

　明治初期には，幕末に江戸幕府が欧米諸国と結んだ不平等条約の改正が明治政府の外交課題となった。政府は，同様の条約を先に結んでいたエジプトやオスマン帝国の法改正に関心をもち，調査員を派遣した。またエジプトで1881年におこった民族運動の指導者で，英軍に追放されたアフマド・オラービー（Ahmad 'Urabi）と，流刑先のセイロン島で面会した野村才二は，1891年に『アラビ・パシャとの談話』という本を出版し，そこでオラービーは，「同等ト云フハ彼レ西洋人ノ同種中ニ使用スルノ要アリテ造リ出シタル言語ニ外ナラズ。東洋人ハ殆ド人類視セザルモノノ如シ」「富国強兵ノ方法順序ヲ論スルニ至テハ緩急アリ本末アリ」と忠告している。明治初期の日本人は中東諸国に対して，西洋列強の圧迫をうける東洋の民族としての共感をもっていた。

西洋から東洋へ

　1904～05年の日露戦争は，極東の小国が西洋の大国に勝利したとアジア諸国

に波紋をよび，エジプトでは，民族運動家ムスタファー・カーミル（Mustafa Kamil）が『昇る太陽』と題する日本紹介の本を出版し，詩人ハーフィズ・イブラーヒーム（Hafiz Ibrahim）は「日本は栄誉の極みへと一気に駆け登ったが，エジプトもまたそのあとを進みゆくだろう」と詠んだ。ロシア帝国領の中央アジアでムスリムの民族運動を展開していたアブデュルレシト・イブラヒム（Abdul Reşit Ibrahim）は，1909年に来日し，伊藤博文らの明治の元勲やアジア主義者たちと面会して，運動の支援を要請した。

しかし日露戦争に勝利した日本は，朝鮮や満州に対する進出を強めていく。そこでは，イギリスによるエジプトの植民地統治は，日本の朝鮮・台湾統治の模範と考えられた。イギリスのエジプト統監エヴリン・クローマー（Evelyn Baring Cromer）の *Modern Egypt* という本の日本語訳が1911年に出版されるが，その序文で大隈重信は，「クローマー卿の埃及（エジプト）に於ける経営は我韓国に於ける保護政治の上に参考すべきもの多きを思ひ」（『最近埃及』）と書いている。また，1919年にエジプトのカイロを訪れた徳冨蘆花は，英国からの独立を求めるデモを目撃し「獅子の爪から埃及が逃れやうともがいて居ることも年久しい」と共感を示しながらも，「埃及の立場に朝鮮を見，日本の立場に英吉利を置いて，其何れをも私共はとっくりと腹にいれねばならぬ」（『日本から日本へ』）と述べている。列強の仲間入りをめざす日本は，西洋の立場から中東をみるように方向を転換していたことがわかる。

1930年代以降，すなわち日中戦争から第二次世界大戦期のころには，イスラームに関する研究が盛んになり，戦時下にもかかわらず年100点以上の論文や著作が刊行されピークを迎える。昭和12（1937）年にイスラム文化協会によって刊行された雑誌『イスラム』の創刊号表紙には，2色刷で「イスラーム世界」の範囲が図示されている。ここでは，インドネシアや中国の新疆，あるいはロシア共和国のチェチェン，バルカンのボスニアなどのムスリム居住地域がきちんと赤く塗られていて，イスラーム世界の広がりについて現在の日本人よりも正しい認識をもっていたともいえる。イスラーム研究が盛んとなった理由は，日本が中国や東南アジアで戦争を遂行するうえで，現地のムスリムと連携工作を進めるという「大東亜共栄圏」の政策によるものであった。

明治初期から第二次世界大戦までの日本と中東・イスラーム世界の関係を振りかえると，明治初期には，列強の圧迫をうける同じ東洋人としての共感をもって中東に接近したが，日露戦争後には，日本は列強と同じ西洋の立場から中東を見るようになり，1930年代には再び東洋の立場を強調する。日本は，カメレオンのように東洋から西洋へ，そしてまた東洋へと立場をかえたわけで，中東との関係の変化は，近代日本の姿を写し出している。

4 地域研究と比較研究

地域研究の長所と短所

地域研究 Area Studies*1 は，第二次世界大戦前後に，他の地域や国を総合的・体系的に把握するものとして登場した。法学，政治学，経済学，社会学，地理学，歴史，文学，思想といった個別のディシプリン（学問分野）は，当該地域の社会やそこに暮らす人びとの一断面でしかなく，生きた社会や人間の全体像を捉えるためには，これらを統合した学際的で総合的な研究（アプローチ）が必要であり，そこに地域研究の意義がある（加藤普章 2005）。

中東研究に即していえば，ハミルトン・ギブ（Hamilton A. R. Gibb）の「地域研究再考」（1963）という講演が地域研究の必要性とその課題を提示している。ギブは，アラブ地域の歴史研究を専門とし，イギリスの大学で教鞭をとったのち，米国のハーヴァード大学の中東研究センターの設立に関わった。この講演では，「東洋学と社会科学を結婚させる」ことが必要であり，両者の結婚とは，東洋学のもつ優れたファーストハンドの知識と社会科学の分析手法の双方の訓練をうけた地域研究の専門家を育てることであり，多元的で変化する中東社会を理解するにはこのような能力が必要だという。ここでは，東洋学の知識が地域に即したものではあっても，イスラームという大文化にのみ研究が偏り，時代的地域的な多様性（小文化）や複合性（輻輳性 complexity）や不断に変動し発展しつつある状況が捉えられなくなっていることを批判し，社会科学の「洞察力」の協力を要請する必要があると述べる。ここではギブは，旧来の東洋学が事実の断片の羅列で事足れりとしてきたこと，歴史学でいえば時系列に事実を配列

した「編年誌」をつくることで,あたかもある事柄がおこった理由が説明できたとする単純さを暗に批判している。したがって,社会科学の洞察力とは,その理論や方法によって,事実を整序し原因を究明していくことである。

しかし,東洋学をはじめとする人文学と社会科学のあいだには基本的な溝がある。社会科学は人間個人を抽象的一般的なモデルに還元することから出発し,そこでは,地域や歴史や文化といった違いを無視する。他方人文学は,個人を歴史や文化を背負った存在として把握する。このため,人間社会の普遍的なモデルの構築をめざす社会科学では,地域をこえたグローバルな,個人をこえた構造的な,文化的より物質的な要素が重視される。他方個々の社会を個人の側からつまり内側から理解することをめざす人文学では,地域的,個人的,文化的な要因が重視される。

エドワード・サイード (Edward W. Said) の『オリエンタリズム』(原著1978年) は,西洋世界の「オリエンタリズム」を批判したが,そこでは,思想・歴史・宗教といった人文学者の著作を厳しく批判するのに対し,社会科学者の業績については評価している。サイードは,東洋と西洋の間に本質的な違いがあるという前提やそれにもとづく西洋と東洋の線引き demarcation を批判したのであり,その典型が欧米の東洋学や人文学であった。これに対し,同じく中東やイスラーム世界を対象とする社会科学は,東洋人と西洋人という区分けを行わず普遍的な人間というモデルから出発するがゆえに,社会科学の研究を評価したと考えられる。他方で人文学の研究者は,社会科学者が近代の欧米社会から抽出した一般モデルや原理を,中東やアジアの社会の特性を考慮せずにそのまま適用することに対して疑問を提示する。

中東・イスラーム研究についていえば,イスラーム的要因をどのように位置づけるかが問題となる。イスラームについてのさまざまな議論がオリエンタリズム的な決めつけに傾き易いのは,イスラームのグローバルで文化的かつ構造的な側面を強調し,地域的な差異や歴史的な変化に関わる社会科学的な検証を怠るときに生じるといえる。

地域研究の第2の問題は,あらかじめ対象とする「地域」の存在を想定することである。そこでは,地理的な境界をくぎり,その境界の内部ではなんらか

の共通性（統合性）や特性があることが前提になる。そうでなければ，境界を引くことは無意味になるからである。しかし，これまでの議論でわかるように，地域の特性とは複合的な要因によって歴史的に形成されるものであり，ある地域にのみ固有に存在する特性はありえず，特性とは，他の地域との比較によってはじめて明らかになるものである。つまり，地域研究とは，特定の地域を対象とする研究であると同時に，他の地域との比較を前提とする必要があり，そこに，地域性を重んじる人文学と地域をこえた普遍性を重んじる社会科学との連携が意味をもってくるのである。

比較研究のパースペクティヴ

このような比較の手法を伴った地域研究は，イスラーム世界を対象とする地域研究にもっとも必要でまたふさわしいものといえる。イスラーム世界については，中東（アラブ，トルコ，イラン），アフリカ（西アフリカ，東アフリカ），中央アジア，南アジア，東南アジア，中国，ヨーロッパ，アメリカといった多様な地域設定ができるので，複数の地域について類似の現象を比較することで，その現象を引き起こしている原因がイスラームに起因するものなのかどうかを検証することができる（三浦他編 2004: 本章の図 6-4 参照）。

たとえば，アラブ圏の都市では，ジグザグの路地と中庭式住宅が広くみられる。その原因として，ひとつは高温で乾燥した気候をあげることができ，このような気候のもとでは，狭くて曲がりくねった路地や中庭には日陰ができ，過ごしやすい。第 2 の理由として，女性を外部の視線から遮断することがある。これは，イスラームに起因する要因である。しかし，このような中庭を家の中心とし，そこに階段を設けて階上への通路とするような居住形態は，降雨の多い地域には適さない。中東地域でも，比較的降雨が多く冬に気温が低くなるトルコにおいては，暖炉を中心とした木造の家が見られ，家屋の周囲に庭が配置される場合もある。他方，中庭式住宅ということでは，中国（北京）では四合院とよばれる中庭を中心に四囲に建物を配した住宅があり，また，韓国にも同様のもの（マダン）がみられる。これは，儒教においても家内にいる女性が見られないようにというコードが働くからである。このように，イスラームという要

第 6 章　イスラーム世界は何を語りかけるか

因をもたない地域を含めた比較を行うことによって，ある現象が当該地域にとって特徴的といえるのかどうか，また，それを生み出している要因がなにかをさぐりだしていくことができる。

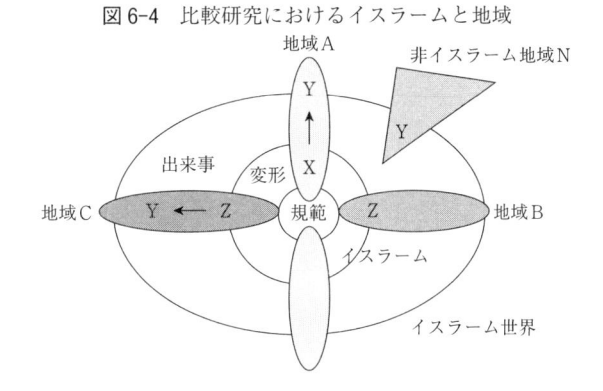

図 6-4　比較研究におけるイスラームと地域

5　グローバル時代のイスラーム世界

9.11事件とイラク戦争

　現代のグローバル化とともに，パレスティナ問題をはじめとする国際政治，石油エネルギー資源やイスラーム金融といった経済問題などイスラーム世界に関わる事件はインターネットや衛星放送を通じて世界のさまざまな人々に関わり伝わっていく。9.11事件とその後のイラク戦争へと至る事態がこのことを教えてくれる。

　2001年9月11日，米国において民間航空機がハイジャックされ，ニューヨークの貿易センタービルなどに突入し，同ビルは倒壊した。ジョージ・W・ブッシュ（George W. Bush）米国大統領は，ウサーマ・ビン・ラディン（Usama bin Ladin）を指導者とするイスラーム主義団体アルカーイダによるものであると断定し，世界各国に対して「テロとの戦い」を呼びかけ，アルカーイダの根拠地とされるアフガニスタンのタリバーン政権への攻撃を開始した。12月にタリバーン政権は崩壊し，翌年から新政権に対する国際的な復興支援が始まった。しかし現在でも治安は回復せず，ビン・ラディンの行方もわかっていない。このとき日本政府は，米国などに対してインド洋での給油支援を行い，また教育分野での復興支援に力を注いだ。

117

第Ⅱ部　ローカルからグローバルへ

　ブッシュ大統領は，03年3月には，イラクのフセイン政権に対して，大量破壊兵器保持疑惑があるとして宣戦を布告した。国連での議論はわかれ，英米などこれに同調する同盟軍による攻撃が開始された。米軍は4月に首都バグダードに入り，5月1日にブッシュ大統領は「自由の勝利」を宣言した。ここでブッシュ大統領は，「使命mission は達成された」という大きなプラカードを背にして，つぎのような演説を行った。「我々は自由の大義と世界の平和のために戦った。それを成し遂げたのは米軍の皆さんだ。独裁者は倒され，イラクは自由となった。倒される（フセインの）銅像の映像を見て，新しい時代の到来がわかった。我が軍の歴史的性格というものは，決死のノルマンディー作戦や勇敢な硫黄島奪回，礼儀正しさと理想主義が敵を同盟国に変えた。それはいまの世代にも受け継がれている」。
　ここでは，第二次世界大戦におけるナチス・ドイツや日本との戦いが引き合いにだされ，その後両国が占領をへて米国の陣営に加わったことを述べる。この硫黄島奪回の部分は日本の新聞報道では省略されていたが，米国の立場からすれば，日本に対する戦争の勝利とその後の占領が，日本に自由と平和をもたらし，民主化に成功した先例として位置づけられ，イラクとの戦争や今後のイラク占領が正当であることを示す材料となっている。ここで，日本の歴史と現代イラクの歴史とが交錯するのである。このような交錯は偶然ではない。幕末・明治あるいはそれ以前からの中東と日本の歴史が見えないところでもつながっていたように，中東・イスラーム世界は，つねにヨーロッパとアジアの接点にあり，イスラーム世界の歴史は世界史全体につながっているからである。
　第2には，アフガニスタンのタリバーン政権が女性に対し，ブルカ（ヴェール*2の一種）の着用を命じ，極端な女性の隔離と差別の政策をとったことから，イスラーム世界のジェンダー問題が世界的な関心をよんだ。そこでは，イスラームは，女性を差別する後れた宗教であるというイメージが喚起され，それが，タリバーン政権やイラクのフセイン政権への攻撃を「民主化」の過程として正当化するブッシュ政権に利用された。

ヴェールの意味

　ここで注意したいことは，エジプトでもオスマン帝国でも19世紀中葉に女子の初等教育が始まり，女性の教員養成学校が設立され，近代日本と同じような歩みをしていることである。1911年に「元始，女性は実に太陽であった」との言によって発刊された『青鞜』の表紙には古代エジプトの女性の姿が描かれている。エジプトにおいて，女性の団体が結成され，雑誌が刊行されたのもこのころで，ヴェールをつけない女性も登場した。他方で，1919年のイギリスからの独立をもとめる運動のなかでは，350名のヴェールをまとった女性のデモが組織され，エジプト政府とイギリスを慌てさせた。1928年にイランを訪問したアフガニスタンの国王の王妃はヴェールをつけず，イランのウラマーはこれに反対する声明をだしたが，テヘラン市内では以後女性が映画館，劇場，カフェなどに姿を現すようになったという。第二次世界大戦後，1947年にシリアで刊行された女性誌の表紙は，洋装の女性の絵が描かれ，日本の同時期の婦人誌を思わせる。「イスラームは女性を閉じ込める」という9.11事件以降に欧米や日本で強まった宣伝はこのような歴史を無視している。

　1990年代以降，当のムスリム女性のあいだでは，ヴェールの着用が復活し，若い世代に広まっている。その背景には，1979年のイラン・イスラーム革命を画期とするイスラームの価値の再認識（イスラーム復興*3）の潮流があり，単にムスリムとしての義務というより自身のアイデンティティとしてヴェールを着用する女性が増えている。そこでは，白やオレンジなど様々な色のヴェールがはやり，長袖のシャツやロングスカートとコーディネイトしたり，あるいはジーンズや細身のパンタロンをはいたり，近年ではチュニックも流行している。ヴェールや長衣をはじめとするイスラーム・ファッションの雑誌が刊行され，ファッション・ショーが観客をあつめ，ウエッブサイトにはオンラインのイスラーム・ファッション専門のショップも登場している。そこではもはやヴェールは女性の自由を束縛するものではなく，ムスリムとしてのアイデンティティと自己表現の道具として用いられているといえる。他方フランスにおいて，2004年に公共の場でのヴェールの着用を禁止する法令が制定されたが，ムスリム移民の第2世代のなかで，イスラームに対する覚醒とその表現としてヴェールの着

用を求める動きが強まっている。

文明の接近

9.11事件以降，世界を「文明とテロ」に二分する政策や「文明の衝突」ととらえる思考が再び強まってきた。他方で，イスラーム主義の側にも，イスラームに敵対する「不信仰者」は殺害されるべきであるという主張がだされている。これらに共通していることは，自分と他者，自国と他国とを絶対的に違うものとして区別する考え方といえる。

しかし，ムスリム（あるいはイスラーム）は，7世紀から今日まで，多様な人々を包み込みながら，社会をつくってきた。グローバル化社会の基盤とされる個人主義，合理主義，法治主義，市場経済，共存といった価値観は，イスラーム世界のなかで育まれてきたものでもある。これについて詳述する紙数はないが，9.11事件を契機として，中東やイスラームを専門とはしない他分野の研究者からの「イスラーム・システム」についての議論が起こってきていることは注目される。たとえば，人口学者のエマニュエル・トッド（Emmanuel Tod）は，イスラーム世界における識字率の増大と出生率の低下という長期的動向から，現在のイスラーム回帰は移行変動期の現象であり，長期的には「文明の衝突」ではなく「出会い」に向かっていると述べる（トッド&クルバージュ 2008）。社会学者大澤真幸は，イスラームの原点に「交換による正義の感覚」があるとし，「イスラーム以上にイスラーム的に」なることによって資本主義社会を乗り越える，具体的には，贈与や赦せないものを「赦す」ことによって自分も他者もともに変わり，そこに普遍性と共存の可能性がえられるという（大澤 2002）。これらの議論の当否はさておき，世界の諸地域とたえず接触しながら変化をとげてきたイスラーム世界は，どの地域の誰からみても他者ではありえず，共通性の観点から接することによって，グローバル時代に私たちが進むべき道を語りかけるのである。

〈用語解説〉

＊1　地域研究　Area Studies
　　ここでは学際的・総合的な地域研究をさす。ヨーロッパでは，アジアの言語・歴史・宗教らの研究は，自地域のそれとは別に「東洋学」という分野に包括されてきた。

＊2　ヴェール
　　コーランでは，婚姻の対象となりうる男性に対しては美しさを隠すことを定めるが，どの部分をどのように覆うのかについての明確な規定はなく，このため，地域や状況におうじて様々なヴェールが登場する。

＊3　イスラーム復興
　　広義には，1970年代後半以降に顕著となった，生活や政治においてイスラームを基軸とする潮流全般をさすが，その源流は18世紀のワッハーブ派以降の改革思想運動にある。現代の政治性の強い運動は，イスラーム主義あるいはイスラーム原理主義と区別してよぶこともある。

〈参考文献〉

アブー＝ルゴド，ジャネット 2001　『ヨーロッパ覇権以前——もうひとつの世界システム』上・下（佐藤次高，斯波義信，高山博，三浦徹訳）岩波書店
大澤真幸 2002　『文明の内なる衝突——テロ後の世界を考える』日本放送出版協会
加藤普章 2005　「地域研究とはなにか」『新版エリア・スタディ入門』（加藤普章編）昭和堂
加藤博 2002　『イスラム世界論——トリックスターとしての神』東京大学出版会
──── 2005　『イスラーム世界の経済史』NTT出版
杉田英明 1995　『日本人の中東発見——逆遠近法のなかの比較文化史』東京大学出版会
トッド，エマニュエル＆ユセフ・クルバージュ 2008　『文明の接近——「イスラーム vs 西洋」の虚構』（石崎晴己訳）藤原書店
ニーズ対応型地域研究「アジアのなかの中東」（研究代表者：加藤博）（http://www.econ.hit-u.ac.jp/~areastd/）
　　○「中東に駐在経験を持つ日本人ビジネスマンの意識調査」
　　○「韓国におけるイスラーム認識アンケート調査」
松本高明 2006　「日本の高校生が抱くイスラーム像とその是正に向けた取り組み——東京・神奈川の高校でのアンケート調査を糸口として」『日本中東学会年報』（21-2）
三浦徹他編 2004　『比較史のアジア——所有・契約・市場・公正』東京大学出版会

三浦徹 2006 "Perception of Islam and Muslims in Japanese High Schools: Questionnaire Survey and Textbooks"『日本中東学会年報』(21-2)

Lee, Hee Soo 2007 "The Present Situation of Middle East & Islamic Studies in Korea: 2001-2006", *Asian Research Trends, New Series, 2*

〈発展学習〉

サイード，エドワード 1993 『オリエンタリズム』上・下（板垣雄三・杉田英明監修，今沢紀子訳）平凡社

　オリエンタリズムの本来の語義は「東洋学」であるが，サイードの定式化によって，「東洋 vs 西洋」「男 vs 女」といった二分法や本質主義 essentialism にもとづく認識全般をさすようになった。2003年の英語版序文では，9.11事件以降自他の区別を絶対化する傾向の強まりを認めつつ，「争いの場を解きほぐし長く連続する思考と分析を導くような」人文主義がやがて復活すると述べる。

板垣雄三 1992 『歴史の現在と地域学』岩波書店

　著者は地域設定そのものを主題によってダイナミックに組み替える「n 地域論」を提唱した。パレスティナ問題に関する『石の叫びに耳を澄ます』（平凡社，1991年）や9.11事件後の『イスラーム誤認』（岩波書店，2003年）との併読を勧める。

第7章
グローバル化の中で日本の空間はどう変わるか
――ナショナルな排除から開かれたローカルへ

熊谷　圭知

1　空間と場所，ナショナルとローカル

　この章の目的は，グローバル化が私たちの生きる日本の空間をどう変えるのか，それに対して私たちはどう振る舞うべきかを考えることだ。キーワードとなるのは「ナショナル」と「ローカル」，そして「空間」と「場所」である。

　「グローバル」と，「ナショナル」，「ローカル」は，単なる空間的なスケールの序列（ナショナルの下にローカルがある）ではない。「ナショナル」は国家と国民に関わる枠組みであり，歴史的に構築され，人為的に操作される。これに対し，「ローカル」は，「局地的」あるいは「在地」と訳されることもあるように，土地や人びとの日常の生活行動・意識と結びついた空間的範囲を指す。ここでは「ローカル」を実体概念（地域社会やコミュニティ）としてだけではなく，グローバルやナショナルに対比される相対概念としても捉える。

　地理学では，「空間」（space）と「場所」（place）という用語を対置する。「場所」は人間がそこに関わり，愛着を持ったり，意味づけをしたりする特別な空間である。エドワード・レルフ（Edward Relph）は，現代の都市や郊外の風景がどこも同じようになっていくのは，私たちが固有の場所を失うことであると問題視し，それを「没場所性」（placeless-ness）と呼んだ（レルフ 1991）。それは地理学の視点の中に，人間の主観や感情を加えようとする試みでもあった。しかし，人びとが特定の場所との間に本質的な結びつきを持つという考え方は問題も含む。それは，その場所にもともと属さない移民やマイノリティへの排除につな

がりかねないからだ。デヴィッド・ハーヴェイ（David Harvey）は，資本主義によって空間が生産される中で，場所もまた商品価値をもつものとして作りだされ，利用されることを指摘している（ハーヴェイ 1999）。グローバル化の中で，移り行く，不安定さを増す世界の中で，変わらぬ場所がノスタルジアを伴いながら希求される。そこには他所からやってくる物（者）への排除の気分がまとわりついている。しかし，グローバル化が進み，人々がジェット機で世界中を飛び回るようになっても，日常の場所の大切さが失われるわけではない。ドリーン・マッシー（Doreen Massey）は，「場所」をダイナミックなものとしてとらえ直し，グローバル化の中で，他所と結びついた「開かれた場所」の再構築の可能性を模索している（マッシー 2002）。本論は，このマッシーの立場によりながら，グローバル化の中の日本の空間／場所のあり方を考えてみたい。

2　ナショナルな空間としての日本

日本人とは誰か

　私は，いつもお茶の水女子大学での「グローバル文化学総論」の授業をこんな問いから始める。「日本人とは一体どのような人を指すのだろうか」。
　この問いには，様々な答えが返ってくる。「日本の国籍を持つ人」「日本で生まれ育った人」「日本人の両親を持つ人」「日本語を話す人」「日本の文化や慣習を身に付けた人」「日本人のような顔かたちを持った人」……など。
　しかしこれらのカテゴリーは，当然なことだが，少しずつずれている。この条件のいくつかを満たしていないが，他の条件には当てはまるという人たちがたくさんいる。たとえば，「在日」コリアン[*1]の多くは，日本で生まれ育ち，日本語を母語とするが，日本の国籍を持っているとは限らない。顔かたちが西洋風でも日本語を流暢に話す人はたくさんいるが，わたしたちはそれを「日本語のうまい外人」と認識する。海外生活の長い帰国子女の中には，日本語より英語の方がうまかったり，日本の習慣にはあまり通じていない人もいるだろう。
　こうして考えてみると，先ほどのカテゴリーがすべて当てはまる人だけを「日本人」と見なすのは，現実にそぐわないことになる。しかし，私たちの中には，

それらをすべて兼ね備えた人が日本人であるという思い込みがどこかにありはしないだろうか。私たちは，こうした基準がすべて当てはまる「(純)日本人」が日本というナショナルな空間の中では圧倒的多数であり，またそうあってほしいと信じていて，それが揺り動かされると不安になる。たとえば肌の色の異なる「外人」の顔を街で見かけることが増えたり，あるいは電車の中で隣に立っている人が突然中国語で話し始めたりする時に。それは，私たちのものであったはずの場所に，他所から異分子が侵入しているという不安感である。

　最初に挙げたカテゴリーのうち，ひとつかそれ以上の基準が当てはまらない人を「境界的な日本人」と呼んでみよう。私たちの生きる日本の社会には，実は「日本人」でも「外人」でもない「境界的な日本人」が増えている。たとえば，いま日本では，国際結婚の比率が急増している。厚生労働省のHPによれば，夫妻の一方が外国人という結婚は，1970年には0.5％だったが，2007年には72万件のうち4万件と，5.6％に達している（このうち夫が日本人，妻が外国人という組み合わせが8割を占める）。この事実は，次世代の日本では，上述のような境界的な日本人が間違いなく多くなることを示している。そうした境界的日本人を日本の社会に包摂するのか，「日本人」ではないとして差別あるいは排除するのか，それによってずいぶん違う日本の未来が生まれることだろう。

ナショナルな空間の特質

　日本を例にナショナルな空間の特質を考えてみよう。すでに述べたように，私たちは「純日本人」への信仰がある。それは，日本が島国であり，外部とは切り離された，均質な空間であるという思い込みにも支えられている。しかし，地図を眺めればわかるように，北海道から南西諸島まで，日本の空間の範囲は3000km近くにおよぶ。これは大陸ヨーロッパの南北の幅とそう変わりない。これだけ広い空間には，言語においても，生活習慣においても，当然地域的な多様性が存在する。そしてまた国境で区切られている空間の両側にも交流や連続性が存在したと考えるのがむしろ自然だろう。

　事実，南西諸島の西表島には昔から人びとが台湾から移住してきているし，韓国の済州島の人々は九州との間を往来していた。もともと済州島の人びと

は，朝鮮半島とは異なり，漁業を生業とし，海を舞台にした移動性の高い海人の文化を持っている。ナショナルな空間の周縁（辺境）にいる人たちは，自然にインターナショナルになる。しかし，ローカルな世界に生きる人々が，それをナショナルな空間を越える行為としてもともと意識していたわけではない。

　こうしたナショナルな空間の枠組みに収まらないローカルな空間は，様々な暴力や悲劇の舞台ともなってきた。北方領土や樺太（サハリン）は，本来，日本のものでもロシアのものでもない。そこにはもともと，アイヌとニヴフ（ギリヤーク）と呼ばれる人々が住んでいた（モーリス＝鈴木 2000）。ロシアと日本による千島と樺太の交換条約（1875年）は，こうしたローカルな生活文化の実態とは無関係に，地元の人々の頭越しに行なわれたナショナルな空間の線引きである。済州島は朝鮮半島本土の人びとからは周縁と見なされ，解放直後，南朝鮮単独選挙への反対運動の結果起こった弾圧（1948年の4・3事件）では，島民20万人のうち3万人といわれる多数の犠牲者を出すことになった。

　ナショナルな空間を編成する原理は支配の権力と排他性をともなう。グレーゾーンの存在や双方への帰属を許さない。国籍においても，日本をはじめ多くの国々は，原則として二重国籍を認めていない。しかしなぜ人間は，複数のナショナルな空間に帰属してはいけないのだろうか。その答えは，少なくともローカルな人々の都合や意思の中にはない。

日本は単一民族国家か

　日本は単一民族国家であるという「神話」を多くの人が，なんとなく信じている。島国で外国とのつながりに慣れていないから，グローバル化や移民の受け入れには消極的だという言説である。

　しかし，実際はそうではなかったことは小熊英二の研究が詳しく語っている。明治以降の日本では，単一民族説と混合民族説が対抗していた。第二次世界大戦前，日本が隣接する国や地域を併合し，植民地化していく過程では，むしろ混合民族説が支配的だった。権力を持つ者にとって，日本が異なる民族を支配し，同化を進めていくための論理としては，その方が都合がよかったからだ。しかし，その同化や統合は全く同じ地位において行なわれたわけではない。そ

こには「包摂」と「排除」，そして序列化が存在していた。日本を内地と外地に分け，前者を優位に置く。最初に「外地」に位置づけられたのは沖縄であり，アイヌの人々が住む北海道だった。そして，台湾，朝鮮半島と進んでいく。重要なのは，それらの空間は日本の一部と位置づけられ，そこに住む人々は「日本人」とされた（包摂された）にもかかわらず，それは「内地」とそこに住む日本人からは低く見られた（排除された）ことだ。この包摂（同化）と排除という論理の共存とその使い分けが，日本の植民地支配のいわば根幹をなしていた（小熊 1998）。そして，そこには欧米というさらに遠い他者が存在していたことに注意する必要がある。

単一民族国家への回帰

　日本が単一民族国家であるという主張が支配的になるのは，むしろ第二次世界大戦後のことである。戦争に敗れた日本は，植民地を手放し，その支配する空間は，本州と北海道，四国，九州に限られることになった。その中で，戦争による疲弊も加わり，「一国平和主義」と，外界から面倒が入ってくることを拒否する心理が支配的になっていた（小熊 1995）。

　ここで，見逃せないのは，敗戦後，日本国内に残った朝鮮半島出身の人々が，「外国人」と見なされ，国籍とそれによる権利を剥奪されたことだ。祖国が解放され，民族独立の高揚と意気に燃える朝鮮半島出身の人々が行なおうとした独自の教育運動や政治運動は，単一民族国家「日本」の平和を脅かすものと見なされた。これらの人々は，1952年に発効したサンフランシスコ講和条約によって日本国籍を喪失することになった。そして1959年以降，北朝鮮への「帰還」が推し進められた。この帰還事業は朝鮮半島出身の人たち自身の願望や，国際赤十字の働きかけによるだけではなく，日本政府も強く後押しをした（モーリス-スズキ 2007）。日本が単一民族国家であるというヴィジョン（幻想）は，このようにして作り出された。

3 日本の移民政策と移民

移民国家としての日本

「移民」とは、本来、定住を求めて他国からやってくる人々を意味する。第二次世界大戦後の日本の入国管理政策の中では、外国人が限定的な滞在や就労をおこなう資格は認められているが、いわゆる「移民」は認められてこなかった。しかしグローバル化の進む現在、その状況は変わりつつある。また歴史的に見れば、日本の近代化の過程には、「移民」が大きくかかわっていた。

すでに述べたように、日本本土には第二次世界大戦前に、朝鮮半島から多数の人々が渡ってきていた。これらの人々は、植民地下の故郷で生活困難に陥り、炭坑や軍需工場などで、低賃金で働く労働者として日本の経済を支えていた。一方、東南アジアや、台湾や南洋群島（ミクロネシア）の島々など海外の植民地、中国東北部（満州）、ハワイ、アメリカ合衆国本土、南アメリカなどに、たくさんの移民を送り出してきた。

日本から南アメリカへの移民は、1908年に始まる。1941年までに、25万人に及ぶ移民がブラジルをはじめとする南米諸国に渡っている。これらの移民の中には、プランテーション労働者としての厳しい労働、熱帯の気候やマラリアなどの病気に苦しみながら、努力してコーヒー農園の経営者になったり、都市で商売や事業を始め成功する人も多く現れた。しかし第二次世界大戦中には、敵国民として差別されたり、財産を没収されたりする困難も味わうことになった。南米への移民政策は1950年以降も続けられ、5万人以上が移民している。つまり、日本は移民受入れ国である以前に、移民送り出し国だった。そして日本の移民政策は、貧しかった日本が、どうやって海外に移民を送り出すかという政策として存在した。

高度経済成長と移民の受け入れ

こうした構造が変わり日本が移民の受け入れ国になるのは、高度経済成長を経て日本が豊かになり、さらに円高の影響が加わる1980年代以降のことである。

バブル経済に沸き立つ日本では、人手不足が深刻になった。零細工場や建設現場などの、3K（きつい、汚い、危険）と呼ばれるような職業には、日本の若者がつかなくなり、そうした周縁的な労働市場に生じた労働力不足を埋め合わせる形で、アジア諸国からのたくさんの非合法な「外国人労働者」がやって来るようになった。これはけっして一方的な流れではない。そこには、日本経済のグローバルな展開により、周辺のアジア諸国での日本の経済的なプレゼンスが高まったことも影響しているからだ（サッセン 2004）。

　日本社会はその対応に迫られることになる。しかし政府には統一的な移民受け入れ政策は存在せず、外国人労働者への評価も省庁によりさまざまだった（当時の省庁でいえば、法務省は不法な移民を取り締まる立場、経済企画庁は日本の産業に必要な労働力として移民を選択的に受け入れる立場、労働省は日本の労働者の雇用条件の悪化をおそれて移民受け入れ反対の立場だった）。

移民政策の明確化

　日本の移民政策がもう少し明確な形をとるのは、1989年の出入国管理法の改正によってである。単純労働者の締め出しが確認され、雇用者にも罰則規定が設けられる一方、グローバル化の中で国際競争力を付けるため、専門や技術を持つ外国人は積極的に受け入れていくという方向性が示された。それにともない、日本での活動が可能となる「在留資格」のカテゴリーが細分化され、投資・経営、法律・会計業務、人文知識・国際業務などの新たなカテゴリーが設けられた。

　もうひとつの大きな変化は、「定住者*2」の資格が新設され、日系人の日本での滞在・就労が正式に認められたことである。「日本人の子として出生した者でかつて本邦に本籍を有したことのある者の実子の実子」（すなわち日系3世）までが、「定住者」としての在留資格を付与され、自由に就労ができるようになった。この改正によって、ブラジル、ペルーをはじめとする南米諸国から、多数の日系2世・3世の移民が来日することになった。

　この「定住者」としての日系人の受け入れは、移民政策の下で、いったん日本という空間の外に排出した日本人と血縁を持つ人々に、再び日本での限定付

きの生活と就労の機会を与えるものだった。そこには，労働力不足に悩む製造業をはじめとする日本の経済が，「外国人労働力」を必要としていたという現実が重なっている。この労働力を，日系人という「境界的日本人」でまかなおうとした政策である。この変更は，グローバル化の中で経済格差を背景に日本に移民がやって来るという現実と，単一民族国家日本という「ヴィジョン」を守ろうとする志向性との妥協の産物だったともいえる。

「在日」コリアンの地位

　この出入国管理法改定と連動しておこなわれた重要な改正に，1991年の「平和条約国籍離脱者等入管特例法」による「特別永住者」の新設がある。これにより，サンフランシスコ講和条約によって日本国籍を喪失した人々とその子孫，いわゆる「在日」コリアンの人々を対象に，特別永住権が自動的に付与された。
　「在日」コリアンの人々への特別永住権の付与は，もともと日本国籍を持ちながら一方的に剥奪され，長年日本という空間の中に住み続けながら「外国人」となってきた「在日」コリアンの人々の地位の改善をめざしたものである。しかしこの決定は，「日本人」の範域を拡大するものというよりは，日本に在住する韓国籍を持つ住民の地位の改善という趣旨から，日本政府と韓国政府の間で，ナショナルな問題として議論され，「解決」が図られたことが特徴である。

定住者の権利

　この2つの改革は，「日本」というナショナルな空間のあり方に，新しい問いを突きつけることになった。ひとつは，「定住者」というカテゴリーの下で，長期に滞在する日系人の人たちの生活や教育をめぐる問題であり，もうひとつは，「永住者」の地方参政権や公務員就任権などをめぐる問題である。
　日系人に「定住者」の門戸を開いた当初は，ほとんどの人々が一時的な出稼ぎを目的として来日し，短期に滞在するものと想定していた。しかし，実際には，日本滞在が長期化し，定住化が進むことになった。法務省の統計によれば，2009年末において，26万7千人のブラジル国籍を持つ人々，5万7千人のペルー国籍を持つ人々が日本に在住している。その中で，子供たちの教育が，重要な

関心事となってきている。2005年の国勢調査により，15〜19歳の通学率を比較すると，日本国籍者が男女とも79％であるのに対し，ブラジル国籍者は男24％，女23％，ペルー国籍者は同じく47％，43％にすぎない。そこには大きな格差が見出される（移住連貧困プロジェクト 2010）。

　「在日」コリアンの人々は，何世代も日本で暮らし，日本語を母語とし，日本文化も身に付けていても，日本国籍を取得しなければ，国・地方を問わず参政権を持たず，国家公務員や地方公務員になることも制限されている。こうした国家や地方自治体の主体的担い手となる権利を，定住者（永住者）にも認めていくかどうかが論争の的になっている。

　市民/権 (citizen/ship) は，国民/としての地位 (nation/hood) とは本来異なる概念であるが，国民国家の下では，市民の権利を保障するのはもっぱら国家である。現在の日本の法制度の下では，日本というナショナルな空間の中で人権を保障されるのは国籍を持つ市民に限られ，国籍を持たない市民は人権を要求する資格を持たないことになる。

　定住外国人をめぐる問題の解決の方向性は，2つある。ひとつは定住外国人の国籍取得を促進することである。「在日」コリアンの人々の中には，一方的に剝奪された日本国籍の付与を，日本政府に請願することへの抵抗がある。また韓国や朝鮮籍をもつことが，日本社会の差別や偏見に抵抗する民族的アイデンティティの基盤になってきた中で，日本国籍を取ることは日本への「同化」を意味するとして，抵抗を覚える人も多い（かつて民族名のままでの帰化申請が認められなかったこともその抵抗を大きくした）。一方で，「在日」コリアンの中にも，国籍取得を積極的に推進すべきという人もいるし，世代による意識の変化も見られる。

　もうひとつは，長期にわたる「居住」を根拠として，定住者 (denizen) の権利 (denizenship) を認めていくという考え方である（梶田・丹野・樋口 2005）。西欧諸国ではこうした方向性がすでに取られており，福祉や教育の権利が定住者にも保障されている。ただし参政権など政治的権利については限定的であり，EU諸国内と，域外諸国ではその扱いは異なる。

　第二次世界大戦後の日本の歴史の中では，「在日朝鮮人」という表象は，もっ

ぱらネガティヴなものとして扱われてきた。日系アメリカ人は Japanese American だが，在日コリアンの英語表現は Korean in Japan であり，Korean Japanese という表現は使われない。日本というナショナルな空間の中で，異なる民族や文化的アイデンティティを持ち続けながら，「日本人」としての権利を主張するのは困難なことなのだろうか。

注目されるのは，国家の狭間におかれた「在日」コリアンの人びとから，国家に回収されない新しいアイデンティティのあり方が提起されていることだ（鄭 2003，姜 2004）。ハワイや南米に移民した沖縄出身者（「オキナワン」）のネットワークや，アメリカ合衆国軍人と米軍基地のある沖縄の女性との間に生まれたアメラジアン（Amerasian）の学校建設を通じた運動などの中にも，民族と国家を一元的に帰属させない，新たな可能性が見出されるように思われる。

4　多文化主義社会／空間としてのオーストラリアと日本

オーストラリアの多文化主義

オーストラリアでは，1970年代前半から多文化主義（multi-culturalism）が国家の統合の原理となってきた。オーストラリアは，もともと連邦が成立した1901年以来，「白豪主義」（White Australian Policy）を取ってきた。この大転換の背景には，オーストラリアが第二次世界大戦後，経済復興を果たしていく上で労働力が不足したことに加え，アジア諸国との経済関係の重視があった。

政策としての多文化主義とは，異なる文化的出自を持つことが不利にならないような仕組みづくりといえる。具体的には，①エスニック・コミュニティの承認と財政援助（エスニック・スクールやエスニック・メディアなどに対し），②移民に対する多言語行政・翻訳サービスやホスト社会の言語や文化についての無償の教育の提供，③ホスト社会の人々に対する多文化教育（人権・反差別教育を含む）の実施などがある（関根 2000）。非英語圏文化の理解を促進するプログラムを放映する国営テレビ局（SBS）の設置などもこれに含まれる。

グローバル化と多文化主義の再検討

　こうしたオーストラリアの取り組みは，多元社会としてのオーストラリアの活力を作る上で多くの成果を挙げてきた。しかし一方で，近年こうした多文化主義政策に対する批判の声も聞かれる。

　その背景には，新自由主義的なグローバル化の潮流の中で，政府のコスト削減が至上命題となってきたことがある。また，保守派の立場からは，少数派の優遇が多数派の白人たちへの逆差別であり，国家の統合を損なっているという主張もなされる。9.11以降，中東移民への偏見が強くなったことも，新移民への選別の厳しさや難民流入の阻止という政策につながった。

　逆に進歩的な立場からも，多文化主義への疑問が提起されている。トランスナショナルな移民の主体性と文化の混淆（ハイブリッド）化を称揚する観点からは，多文化主義が，むしろ民族／文化の固定化・本質化をもたらすのではないかという批判である。

　グローバル化の流れの中では，多文化主義はもはや時代遅れの幻想にすぎないのだろうか。民族集団（エスニック・グループ）単位ではなく，個人単位で施策をおこなうという方向性は，理にかなっているようにみえる。しかし個人として生きられ，コスモポリタンになりうるのは，経済的に豊かで才能を持った一部の人にすぎない。こうした中で，本質主義かハイブリッド（混淆）かという二項対立に陥るのではなく，多文化主義によって現在における「エスニック」な文化資本や公的資源へのアクセスを積極的に促すことが，逆に将来におけるハイブリッドな社会秩序と文化的に多様な人々の「参加」の達成につながるという見解（塩原 2005）は傾聴に値する。

　ひるがえって日本を考えると，グローバル化の中で，移民＝外国とつながる人々が，日本の空間に多数存在するようになった。しかし，その人々が持つ文化資本（Korean や Brazilian としての）は，日本というナショナルな空間の中では評価されず，排除され抑圧されているという現実がある。これが移民たちの「日本」への反発や疎外感につながっているとすれば，日本というナショナルな空間を多元化し，豊かにする可能性をも奪っているのかもしれない。

〈コラム〉 APFS：地域に開かれた団体へ

　　　　　　　　　　　　　　　　　　　加藤丈太郎（APFS代表理事）

　APFS（Asian People's Friendship Society）は，1987年12月，外国人住民と日本人住民の「相互扶助」に基づく，豊かな多文化共生社会の実現を目的として発足した。日本人が外国人を助けてあげるのではなく，それぞれが持つ強みを活かして，共に助け合うということを設立以来大事にしている。活動の中心は二つある。一つ目は外国人住民からの相談の受付け，二つ目は多文化共生を目指した各種イベントの開催である。

　APFSでは相談を受けるにあたり，何者も排除しないことを目指している。その結果，非正規滞在者からの相談を数多く受けるようになった。非正規滞在者を正規化するために，集団で運動を展開する点，当事者が暮らす地域で支援者を開拓する点に力を入れて成果を挙げてきた。例えば，2008年4月から2010年7月にかけて行われた「再審情願一斉行動」では既に退令が出ていた11家族39名に在留特別許可が認められた。ある当事者が暮らす地域では，直接首相や法務大臣に手紙やメールを書く運動が展開され，絶望的な状況に置かれていた当事者を大いに励ました。地域が生み出す力を目の当たりにした。

　地域に力点を置いた新しい取り組みも始めている。従来，当団体が単独で行っていた「あなたの知らないアジアフェア」を，2010年にはAPFSの事務所がある地元の遊座大山商店街との共催という形で実施した。準備の過程において「文化」の違いに苦しむこともあったが，無事成功し，商店街との関係もより深まった。また，地元板橋区にフィリピン出身の母親が増えていることに着目し，「親子で学ぶ日本語／タガログ語教室」を2010年10月より新しく開講した。地域に暮らす外国人との新たなつながりが生まれ始めている。

5　ナショナルな空間からローカルな場所へ

多文化化する日本の都市空間とローカルな取り組み

　日本には，220万人を超える外国人登録人口が存在する（2008年）。これに非正規滞在者を加えると250万人ほどの「外国人」が日本で暮らしていることにな

る。これは日本の総人口のおよそ2％にあたる。東京都の外国人登録人口は41万8千人で，東京都の総人口の3.2％だが，外国人人口の多い新宿区では3万5千人，区人口の11％にのぼる。

日本でも1990年代以降，多文化共生に向けた取り組みがなされるようになってきている。その先鞭を付けたのは，移民が多く居住する都市のNGO・NPOであり，自治体だった。自治体の外国人への施策の歴史には，二つの流れがある。ひとつは在日コリアンが多く住み，人権施策の一環として外国人への施策を進めてきた自治体（川崎市や大阪市など）であり，もう一つは，90年代に日系人移民が急増した自治体（浜松市，豊田市，太田市・大泉町など）である（山脇2009）。

後者の自治体は，2001年に外国人集住都市会議を結成し，自治体の課題を議論・共有するとともに，外国人受け入れ態勢の整備をめぐるさまざまな政策提言を日本政府に対しておこなっている。国レベルでも，総務省が中心となって多文化共生の推進に関する研究会を設置し，その報告書をまとめている（総務省2007）。

上記の報告書でも大きなテーマになっているのは，地域の防災をめぐるネットワークへの外国の人々の参加という課題である。1995年の阪神・淡路大震災では，在日コリアンの人々が多く住む長田区も被災し，多数の犠牲者を出した。しかしそれを契機に，地域の中に外国人が住むことがあらためて認識されるとともに，在日外国人を支援するNGO・NPOが多数創られ，地域社会の中に連携が生まれた（吉富2008）。外国にルーツを持つ人々が番組の作り手となり発信する多言語・多文化放送局も生まれている。

日系人が多く居住する群馬県太田市では，生徒の母語に配慮したバイリンガル教育が行われている（末永サンドラ輝美ほか「外国人児童生徒の母語を生かした学習支援──太田市バイリンガル教員の実践を中心に」多言語・多文化社会研究全国フォーラム第4回での報告より，2010年11月28日）。こうしたローカルな実践は各地で試みられ，成果を挙げている。

教育の問題は，移民の人々の「社会統合*3」を図る上で，最重要のテーマである。日本の小・中学校の教育カリキュラムは，日本語を母語とする日本人児童だけを想定して作られている。日本語教育だけでなく日本の文化や社会に関す

る教育をいかに提供していくのか,また日本人児童に対しても,外国とつながる生徒たちの出身地域を含む他（多）文化に積極的な関心と受容性をもたせるカリキュラムをどのように構築していくかが課題となるだろう。

ナショナルな空間の論理からローカルな場所の実践へ

　こうしたローカルな場所での多文化共生の取り組みが,地道な成果を挙げる一方で,日本全体を見渡すと,近年こうした動きに逆行するような言説や行動が目に付く。たとえば,定住者に地方参政権を与えることが外国勢力による地方自治体の乗っ取りにつながるとか,高校学費免除の対象から朝鮮学校を除外すべきであるといった議論がある。これらは,ローカルな地域の具体的な場所にともに生きる人々という共通性よりも,そのナショナルな帰属による異質性に固執した論理に依拠している。

　最初に述べたとおり,ナショナルな空間の論理は,その空間を均質的なものとして扱い,例外や多様性を認めないことにつながりがちだ。しかし,もしローカルな場所の論理に立つならば,中国という国家内の地域的多様性とともに,「中国人」という均質的な集団など存在しないことが見えてくる。また,大学の教室やアルバイト先といった,私たちの生活の場所で出会う一人ひとりの劉さんや王さんの顔が浮かんでくるだろう。その時,私たちの思考は,ナショナルな排除の論理とは少し異なる方向性をとるに違いない。

　不寛容の増大は,日本の経済低迷にともなう日本社会の側の余裕のなさの反映でもある。「多文化共生」という語のもつ限界は,それがもっぱらホスト社会の「寛容さ」に期待しているように見えることだ。こうした寛容さは,ホスト社会の状況の変化によって,容易に排除へと変化してしまう。そのような「多文化共生」を実践できる人々は,余裕のある人々である。非正規雇用化で余裕のなくなる将来の世代に「寛容さ」を期待できるだろうか。また「多文化共生」という言葉が美しすぎることも問題である。多数派が寛大に受け入れてあげるという姿勢は,「私たち」と「彼／女たち」の差異とそれによる葛藤のプロセスから目を背け,彼我の格差を固定化したままの同化的な「包摂」に近づいてしまう。

第7章　グローバル化の中で日本の空間はどう変わるか

　日本は場の文化だといわれる。血縁よりも，場所を共有することによって生まれる連帯や共同性を評価するダイナミズムが日本の社会の中にあり，それが雑種や混淆の文化を育ててきた側面があることは確かである。しかし，場所が共同性の根拠であることは，裏を返せば，共同性を構築する場所の中で個が突出することを嫌い，抑圧することによって「同化」を促すことにもつながる。場所の温かさと抑圧は表裏一体のものなのである。

　こうした日本的な「場所」構築のしきたりは，マジョリティである「日本人」自身においても，標準から外れる人々の排除をもたらしている（「いじめ」の構造）。場所内部の微細な差異に過敏であることが排除と自己抑制をもたらす構造に，私たち自身も抑圧されていることに気づくならば，自分とは異なる他者の存在を喜び，場所の論理を開放的なものに変えていく実践は，移民やマイノリティのためではなく，むしろ私たち自身のために必要なのかもしれない。

〈コラム〉　共住懇と新宿——ローカルの視点から

山本重幸（共住懇代表）

　東京都新宿区は，人口約31万人のうち3万人を超える外国人の住むグローバルな都市空間になった。このうち約40％が，大久保と周辺の地域に集中し，区の推計でも今後の外国籍住民の増加が見込まれている。

　1990年代初頭，地域の外国人の増加に伴い，ゴミや騒音などの住宅環境や外国人による犯罪が社会問題化した。このころは短期滞在者が多く，外国人は顔の見えない存在だった。現在では，飲食店，不動産仲介，携帯電話の契約代理店など外国人の経営による各種の事業は拡大し，日本人事業者や地域経済とも密接な関係を持っている。家族滞在者が増えるなど地域への定住傾向も見られるようになった。

　私たちの活動「共住懇」（「外国人とともに住む新宿区まちづくり懇談会」より改称）は発足以来，新宿というコミュニティをどうしたいのか，と考えてきた。それぞれ違う文化や生活背景を持った人たちが互いに支え合い，より良い生活をするために地域の特徴を活かしたコミュニティの可能性を探る，という活動をしている。主な活動としては，大久保・百人町を中心とした地域調査，外国人への相談会開催・情報提供・交流の機会の提供，それらに関する学習会や報告書の作

成などを行なっている。また，災害時などに互いに助け合える関係を作ることも目指している。

　政府は今年，「第三国定住難民」を受入れたが，いま，その第1グループが新宿区内で研修を受けている。新宿では2006年から多文化共生のための「ネットワーク連絡会」が開かれてきたが，2010年6月には「新宿区多文化共生連絡会」として新たな仕組みづくりが始まった。

6　開かれた場所・ローカルの構築からインター・ローカルへ

　私が専門とする地域研究というのは，煎じ詰めれば他者理解にほかならない。私たちが，他者を理解しようとするのは，何のためだろうか。好奇心なのか，それとも相手を知り，仲良くなりたいからなのか，あるいは相手を打ち負かし，支配したいからだろうか。植民地統治において，支配する側から支配される側に向けられる眼差しと理解には，権力が含まれている。地域研究も，それが先進国の側に，途上国についての知識を積み重ねるだけに終わるならば，両者の格差（経済的，知的）を固定化することにつながってしまうだろう。支配のための理解から抜け出し，いかに双方向的な，共感をともなう理解を作り出していくかが問われている。

　エドワード・サイード（Edward W. Said）の『オリエンタリズム』が語るのは，西洋が，いかに東洋という他者を通じて（その反鏡像として）自らを構築してきたかということだ。理性・秩序に支配された合理的な西洋は，感性と混沌に支配された非合理な存在として東洋をまなざし，それを通じて，自己とその優位性を確認する。自己と他者の二項対立は，非対称である。

　私たちは，自己を認識する上で他者を必要としている。しかし，それが変わらぬ自己の優位性の確認にとどまるとき，そこには「他者化」のまなざしが生じる。「他者化」とは，自己を構築するために，他者を，自らとは異質で無縁の，変わらぬ存在として構想する実践といえる。

　日本の「嫌中」もヨーロッパの移民排斥も，人々がグローバル化の中で揺ら

ぐナショナルな空間を，他者の排除を通じて，自分たちの「場所」化しようとする行為ともいえる。そして，そこには「他者化」による自己の存在確認が含まれている。そこに共通するのは，他者が変わりうるという可能性をあらかじめ排除していること，そして変わる他者との交流や交渉により，自分自身も変わるという可能性をも閉ざしてしまっていることだ。

自身が獲得する可能性より奪われる（かもしれない）ものを見てしまいがちなのは，グローバル化の中で，自らの地位や将来が不安定になっているという実感と，自分自身への不安が重なり合っているからだろう。しかし違うから分かりあえない，協同できないわけではない。これからの日本の将来は，ミクロ（個人）レベルでは，ひとりひとりが，こうした他者との試行錯誤を含む相互作用の過程をどこまで「義務」としてではなく「楽しみ」としても引き受けていけるか，そして，マクロ（空間）レベルでは，そうした異なる出自と関係性を持つ人々が紡いでいく可変的な関係性が，新たな「場所」として人々の帰属意識や居心地の良さを生み出していけるかどうかにかかっている。

都心であれ，過疎山村であれ，さまざまな日本のローカルな場所で，異なる出自と関係性を持つ人びとは否応なしに出会い，相互作用している。他者との協働の実践は，すでに始まっている。そこに芽生える新たな関係性に，場所を共有するものによる共同（一方的な「同化」ではない）の可能性を見出すことは，けっして夢ではなく現実の物語である。私たちの仕事は，自らそうしたローカルな実践の一員となりながら，その可能性と課題をひとつひとつ確認し，さらにそれを「インター・ローカル」につないでいくことではないだろうか。

〈用語解説〉

＊1　「在日」コリアン

　　狭義には，日本国内に住む朝鮮籍・韓国籍のコリアン。旧植民地出身者とその子孫をさす。「在日朝鮮人」「在日韓国・朝鮮人」あるいは単に「在日」と呼ばれることもある。日本社会における差別の歴史から「通名」として日本名を名乗る人も多い。「帰化」により日本国籍を得ても，コリアンとしてのアイデンティティをもち続ける人もあるし，1980年代以降来日したニューカマーで定住する人々も増えている。

＊2　定住者

　日本の出入国管理法上の「定住者」は、「法務大臣が特別な理由を考慮し一定の在留期間を指定して居住を認める者」であり、3世までの日系人とその配偶者のほか、難民として受け入れた者、中国の「残留邦人」とその家族などが含まれる。国際結婚をして「日本人の配偶者等」の在留資格を得ていた外国人が配偶者と死別・離別後も子供を扶養する場合も「定住者」となる。

＊3　移民の社会統合

　「統合」(integration)は、多文化主義の行き詰まりに対置されることもあるが、多数派の文化への「同化」(assimilation)ではない。移民がホスト社会の中で底辺に置かれ続けたり、言語能力が低く十分な雇用を得られなかったりして、社会から疎外される仕組みを変えることが課題となる。

〈参考文献〉

石井由香編著 2003 『移民の居住と生活』(講座グローバル化する日本と移民問題4)明石書店

移住連貧困プロジェクト 2010 「在日外国人の文化的貧困——15から19歳の通学率に見る日本籍との格差」『M-ネット』2010年7月号、19-21頁

小熊英二 1995 『単一民族神話の起源——〈日本人〉の自画像の系譜』新曜社

梶田孝道・丹野清人・樋口直人 2005 『顔の見えない定住化——日系ブラジル人と国家・市場・移民ネットワーク』名古屋大学出版会

姜尚中(カンサンジュン) 2004 『在日』講談社

塩原良和 2005 『ネオ・リベラリズム時代の多文化主義——オーストラリアン・マルチカルチュラリズムの変容』三元社

関根政美 2000 『多文化主義社会の到来』朝日新聞社

総務省 2007 「多文化共生の推進に関する研究会報告書2007」(http://www.soumu.go.jp/menu_news/s-news/2007/pdf/070328_3_bt1.pdf)

鄭暎惠(チョンヨンヘ) 2003 『〈民が代〉斉唱——アイデンティティ・国民国家・ジェンダー』岩波書店

モーリス＝鈴木, テッサ 2000 『辺境から眺める——アイヌが経験する近代』みすず書房

モーリス-スズキ, テッサ 2007 『北朝鮮へのエクソダス——「帰国事業」の影をたどる』朝日新聞社

ハーヴェイ, デヴィッド 1999 『ポストモダニティの条件』(吉原直樹訳)青木書店

マッシー，ドリーン 2002 「権力の幾何学と進歩的な場所感覚」(加藤政洋訳)『思想』(933)，32-44頁
山田寮一・黒木忠正 2006 『よくわかる入管法』有斐閣
山脇啓造 2009 「多文化共生社会の形成に向けて」『移民政策研究』(1)，30-41頁
吉富志津代 2008 『多文化共生社会と外国人コミュニティの力——ゲットー化しない自助組織は存在するか?』現代人文社
レルフ，エドワード 1991 『場所の現象学——没場所性を越えて』(高野岳彦他訳) 筑摩書房

〈発展学習〉

小熊英二 1998 『〈日本人〉の境界——沖縄・アイヌ・台湾・朝鮮，植民地支配から復帰運動まで』新曜社
　わたしたちの単一民族幻想を覆し，国家と国民のあり方を問い直す，実証的でありつつ刺激的な本。

小熊英二・姜尚中編 2008 『在日一世の記憶』集英社
　在日コリアン一世52人のライフヒストリーを集めた本。人々の人生や思想の共通性とともに，多様性も浮かび上がってくる。在日コリアンを通じた日本の戦中・戦後史でもある。

サッセン，サスキア 2004 『グローバル空間の政治経済学——都市・移民・情報化』(田淵太一他訳) 岩波書店
　グローバル化の中でなぜ人の国際移動が生まれるのか，それが都市空間にもつ意味は何か，グローバル化と経済，都市，移民の関係性を明快に解き明かしてくれる。

第Ⅲ部

グローバル化と私たち

第8章 グローバル化時代に私たちはメディアとどうかかわるのか

川崎 賢一

　グローバル化が進展してきたここ20年間で，メディア利用やマスメディア*1報道等の在り方が，急激に変貌を遂げてきた。私たちは，その中にあって，単にその変化に巻き込まれて，傍観しているだけではなく，私たち自身がメディアを用い，報道へ参加するチャンスが高まっているので，うまくコミットし，新しい公共性を創造していく必要がある。この大きなトランスフォーメーションを，その歴史をひもとき，わかりやすくマクロな観点・プロセスと私たちを取り巻く社会的現実とを結び付けながら，概説することが本章の目的である。

1　近代社会とメディアの発達

マスメディアはいつ確立・発達したのか

　近代化と共に民主主義が成立し，マスメディアの発達が促されるようになったことを，メディアそのものの発達と共に概観する。西欧社会における近代化（第二次大戦前は，基本的に，内に向かっては産業革命・政治革命，外に向かっては植民地主義・帝国主義）が進展し，民主主義的選挙制度，大衆社会・消費社会の成立，世論と公衆の誕生，そして近代の締めくくりとして基本的人権・文化権の確立，公平性や公正性を担保するものとしてのジャーナリズム*2が発展してきた。この点をもう少し詳しく概説しよう。

　18世紀から19世紀にかけて，最初に西欧において，近代社会（Modern Society）が確立した。現在の主要先進社会の起源になった社会である（なお，近代以前の

社会は前近代社会と呼ばれることが多い）。その原因は，主に産業革命と政治革命であった。さらに，その2つの革命を促す条件は少なくとも6つあり，それらをまとめると，次のようになる（小川・川崎・佐野編 2010）。

①産業化・工業化：生産様式・システムが大規模化・効率化されていく。特に，第1次産業（農業・林業・漁業等）から，第2次産業（工業・生産業），そして第3次産業（各種サービス業）へと移行していく。それだけでなく，どの産業においてもより洗練された経営組織化や情報化・知識化が進んでいく。

②民主化：労働者と資本家・中産階級が対立し，その結果，第二次大戦後に基本的人権が認められるようになる。それと並行して，普通選挙制度が徐々に実現されて，多くの国々では代議制民主主義が取り入れられていく。しかしながら，この両者は，社会によって様々であり，完全に実現されていない国家もかなりある。

③人口の増大：近代社会は，前提として，社会を構成する人間の数が大幅に増加してきたところに特徴がある。その結果，現状では，人口過剰に陥り，人口抑制を地球的規模でせざるを得なくなった（しかし，先進諸国では，少子化の影響で人口減少が続くという皮肉な現象も見られる）。

④都市化：近代化を支える大きな特徴として，人口増大した人々や農村などに住む大多数の人々が，都市へと移住する傾向があるという点がある。そして，都市それ自体も巨大化し，国家を超えて相互にシステム化する（グローバルシティ等）という新しい傾向等がみられるようになった。

⑤官僚制化：大規模組織を効率的に運営するルールと制度が確立する。官僚制は，専門スタッフ・文書主義・法治主義等により支えられている。なお，近年は，弊害ばかりが叫ばれているが，官僚制抜きで近代社会はあり得ず，問題は現代社会における修正がうまくいっていないことであると考える方が，現実的な分析だろう。

⑥大衆化：前近代社会までは，ほとんどの社会で，社会階層が一部の支配階層と圧倒的な量の被支配階層に二分されてきた。近代になると，下層階層や労働者階級の生活レベルが上がり，一部中産階級化し，消費社会を直接支える階層に組み入れられるようになる。しかし，学歴が高く教養のある

中上流階級からは，まとまりのない，流行を好み左右され，感情的に煽動されやすい社会的存在として揶揄されることもある。

メディアについて最も大切なことは，近代化と共に民主主義が成立し，それと同時にいわゆるマスメディアの発達が促されるようになったことである（メディアそのものも成立・発展していくことはいうまでもない）。つまり，西欧社会における近代化が進展することにより，民主主義的選挙制度が確立・展開し，一方で，大衆社会・消費社会が成立・発達し，そして，人々の主要な意見の集約としての〈世論〉とそれを支える〈公衆〉が誕生そして成長し，さらに近代の締めくくりとして，第二次大戦後，基本的人権が確立し，その後普及していく。そして，1960年代末に文化権 (Cultural Rights) が確立する。重要なことは，これらの基本的権利を担保するものとして，公平性や公正性の概念が必要であり，それらを支えることのできるジャーナリズムが発展するということである。

マスメディアとジャーナリズムはどのように研究されてきたか

ところで，1970年代初めまでの時期に，マスメディアやジャーナリズムの領域において，様々な研究が積み重ねられてきた。その研究成果として概ね語られていたことは次の4つである（Giddens 2007: 15章）。

①オールドメディアとニューメディア：当時主要なメディアは，主に活字（新聞・雑誌等）と伝統的電波メディア（ラジオ・テレビ等），そしてそれに関連した映画等のエンターテイメント産業であった。

②2つの理論的な見方：正統的な見方として，機能主義理論が唱えられている一方で，近代社会に批判的な葛藤理論も，一定の力を有していた。

③聴衆とメディア効果：いわゆる聴衆研究（Audiences Studies）が盛んに行われ，2つの学説が支配的になった。1つが，皮下注射説 (Hypodermic model：聴衆は受動的に，直接に受容する) であり，もう1つが，自己満足説 (Gratification model：人々は世界について学ぶためにメディアを活用する) というものであった。いずれにしろ，当時はマスメディアは，送り手・受け手・メディア・メッセージの4構成要素からなる古典的図式により説明をされ，受け手の受動性と不確実性が大きな特色であった。

④メディアによるコントロール：マスメディアによる人々への影響について，メディア効果から，次の2つの分野について激論が交わされた。1つは，メディアと暴力（テレビの暴力と現実の暴力の相関）についてであり，もう1つは，ポルノグラフィー（ジェンダー・年少者・暴力との関係）についてであった。この2つの議論は現在に至るまで続いている。

2　ポスト近代におけるマスメディアの再編

ポスト近代にマスメディアはどう変容したのか

　200年以上の歴史を有する近代社会は，大変動を繰り返しながら進展してきた。特に，第二次世界大戦以降，その変化の勢いと内容には計り知れないものがある。その意味で，ここで1970年代後半以降の近代社会を，ポスト近代と呼びたい。社会の生産様式がサービス産業や創造産業へ大きくシフトし，経済が本格的にグローバル化し始め，人々は今までの近代を批判し，都市居住が当たり前になり，大衆の社会的地位が上がり，より流動的で自己変換的（トランスフォーマティブな）社会になりつつある。

　ポスト近代社会では，世論と公衆は，国家を超えて国際的なレベルに到達する。その結果，国際的（international）・トランスナショナル・グローバルなレベルで，公平性や公正性が問われるようになる。しかしながら，その実態は，近代国家を基本単位とするジャーナリズムの枠を大きく超えることができずに，グローバル化の進展には，十分に対応しているとは言い難い場合が多いようだ。また，その一方で，従来の世論や公衆，あるいは，市民性等は，徐々に弱体化あるいは曖昧化しつつあり，それらに代わる新しい公正性や公平性の概念までには十分にトランスフォームしてきていない現状が存在する。近年のNGO（Non-Governmental Organization）やNPO（Nonprofit Organization）の伸び悩みなどがその典型的な例である。つまり，ポスト近代が産業化と政策化へと収斂していく傾向があるからだろう。また，その一方で，文化的多様性がユネスコにより推進され，文化的多元主義の重要性も認められるようになってきた点は人類にとって大きな前進だろう。だから，これらの新しい動向とメディアの発達と

の関連を後に概観してみたい。

ところで，マスメディアやジャーナリズムの分野において，1970年代後半は画期的な変化を遂げたとされている時期である。マーシャル・マクルーハンにより唱えられたいわゆる〈地球村〉が実質的に展開し始め，いわゆるニューメディアと呼ばれるマルチメディア化が進行し，90年代のインターネット[*3]や携帯電話へと繋がっていく。この時期には先の2つの理論的立場に加えて，いくつかの新しい理論が登場する。例えば，次の4つを挙げることができる（Giddens 2007: 15章; Cohen & Kennedy 2007: 14章）。

① J. ボードリアールによるハイパーリアリティの理論。
② 受容理論（Reception theory）：S. ホールらによる，いわゆるカルチュラル・スタディーズ学派の，階級と文化的背景に関する理論。
③ J. ハバーマスによる公共圏の理論。
④ J. トンプソンによるメディアと近代社会（イデオロギーと社会）に関する理論。

この時期，メディアの中でも大きな位置を占めていたテレビ放送，特に，テレビニュースの分野では，その基本的な見方に関して大きな変化が訪れる。それまでは，ニュースは単に社会で生起する出来事を事実として報道するという前提があった。しかしながら，それだけではなく，ニュースは構成主義的な性格があることが広く認められるようになった。具体的には，次の3つの点からなる。第1に，例えば産業関係のニュースは，選択的な流行として報道される。単なる新しい事実ではない。第2に，同時に，ニュースを構築する人々はそのアジェンダに関するゲートキーパーとしてふるまう。中立的というよりは，紹介的あるいは先導的である。そして第3に，ニュースは，ある日・ある週に〈現実に起きた〉できごとを〈記述〉するものだけでは決してなく，むしろ，ニュースは，出来事に〈関する〉規則的に影響を与えるような複雑な構築物だということだ。歴史を事実にもとづき記述するというよりも，重要なストーリーを作りだすという面が強いと考えられるようになってきた。ここでは，わかりやすく極端に説明したが，近代前半のメディア観とはかなり異なる点を理解できたのではなかろうか。

メディアはいかにグローバルに展開されたのか

　さて，メディアの世界では，グローバル化と共に，メディアが多様化していく一方で，矛盾するような言い方に聞こえるかもしれないが，メディアの一元化も進んでいった。前者については，コミュニケーションメディアの多層的・多元的発達を挙げることができる。

　後者のメディアの一元化という点も見逃すことができない（フレデリック 1996）。この例としては，次の2つの例を挙げることができる。第1に，メディアの世界の基本的な国家的な秩序の構図は常に一定であったという点だ。すなわち，〈アメリカ 対 新世界秩序〉という構図である。この点に関連して，長期的にみて，以下のような不均等なメディアの発展がみられた（ヘルド他 2006: 7章）。

① 1965年における電話回線の85％は，欧米に占められていた。
② 1995年までに，190カ国で65億電話回線，120億台の電話数が記録されたが，その多くは先進諸国間のものであった。
③ ニューヨークから，ロンドンまでの回線利用料金のほうが，ロサンゼルスまでよりも安い。グローバル化により，グローバルシティ間の絆の強さの方が重要になった。
④ 今まで公共性が高く，独占的だった領域に，リダクションされた電話利用料がみられるようになり，いわゆる民営化が進んできた。
⑤ 2005年までに，インドのテレコム規制委員会（Telecom Regulatory Authority of India）によれば，インドには，7千6百万の携帯電話利用者と，4千9百万の固定電話利用者がいるとのことである。つまり，電話の発展段階のパターンが変わってきた。いきなり携帯電話のような最新の段階に入る社会も出てきた。

　そして，上記の構図は，70年代から90年代にかけて徐々にばらけてくるが，対立の構図自体はあまり崩れていない。

　もう1つは，メディアのコングロマリット化という点だ。例えば，現代のグローバル市場を支配すると考えられている8大メディア企業（Viacom, Time Warner Inc., The Walt Disney, General Electric, News Corporation, Vivendi Games, Sony, Bertelsmann）の成立においては，メディアの統合や買収などが活発に見ら

れてきた。現状はその結果である。また，同時に，メディアの共同所有も進みつつある。これらのことは，全体として，グローバルメディア*4秩序が大きく変わりつつあることを意味する。これらの点は次のような5つの移行ないしトランスフォーメーションとして説明されることが多いし，概ねグローバル化の次のような諸トレンドと相関しているものと考えられる（Giddens 2007: 15章）。

①所有の増大する集中化
②公有から私有へのシフト
③トランスナショナルな協同的構造
④メディア生産物の多様化
⑤協同メディア合併の増加

　最後に，この時期に指摘しておかなくてはならない点が2つある。第1に，巨大化するスポーツイベントの問題である。単にスポーツの大会ということに止まらず，文化政策の対象となり，文化産業の重要な一部門に発展し，そして，メディアイベントとして巨大な力と影響力を持つようになってきた。特に，放送に典型的なメディアが重要な役割を演じている。また，人々に対する影響として，スポーティング・ナショナリズムの増大を指摘する見方もある（具体例として，サッカーのワールドカップ大会，オリンピックゲーム，そして，アジア大会等があげられる）。

　もう1つは，いわゆる政治的コントロールの問題である。具体的には，メディア規制や民主主義との関係の問題である。前者については，例えば，有名な例として，イギリスのBBCが公共放送として政府からライセンスの更新を受ける際に，常に問題視されているような事例である。つまり，政府からすると，少数メディアの独占は経済的な競争を排除するので，公益性の点で問題があり，BBCのライセンスの継続はこれに抵触する恐れがあるのではないかという主張である。しかし，これは，古くて新しい政治権力による〈検閲性〉の問題でもあり（その必要性の程度と範囲），権威主義的国家と民主主義という大きな基本問題につながっている。ただその対極で，グローバルメディア秩序における，資本の集中と商業化は多くの悪影響ももたらしつつあるのも事実なのだが。

3　ICT革命によるメディアの新展開

ICT革命の進展とメディア

　ポスト近代のメディアの展開は，グローバル化の下に進展してきている。そして，そのグローバル化を実質的に支えているのは，いわゆるICT革命（Information, Communication and Technology Revolution）である。このICT革命とメディアについてここでもう少し掘り下げておきたい。特に，①コンピュータ技術の発達によるハードとソフトの高度化，②通信技術の発達によるコミュニケーション行動のハイブリッド化や高度化，③以上の二つの技術の融合，そして，様々な情報技術の相互浸透，等を指摘しておきたい。

　重要な変化は，ICTに支えられた情報社会[*5]において，結果として，従来のマスメディアが危機に瀕し，新しいICT技術を導入したメディア（例えば，Web 2.0, TED, ツイッター，グーグルニュース，バイラル・ループ，等）によるメディアの再編成が進みつつあることである。そしてこの大きな変化は，多くの市民を巻き込み，米国主導でインターネットを媒体にして進んでいる。しかしながら，単純にこのアメリカ化だけが進むとは言えないだろうし，様々な国家体制とメディアの複雑で新しい関係が今後も継続するものと思われる。そのアウトラインを以下で分析してみたい。

　まず，ICT革命が進行する以前のプロセスを簡単に見ておこう。始まりは，1960年代であった。当時はIT（Information Technology）革命と呼ばれていたが，その革命に基づく社会として，〈情報社会（Information Society）論〉が提唱された。この概念は世界で同時に何箇所かから提案されたが，日本からは梅棹忠夫・増田米二等がその立役者で，この分野では珍しく和製英語でもあった。1968年に発行されたフランス政府の有名なノラマンクレポートで取り上げられ普及するようになった。その後，この概念は紆余曲折し，マルチメディア社会・情報ネットワーク社会・ユビキタス社会等という概念におきかえられたこともあったが，結局は生き残った。2000年以降は，UNESCOでも取り上げられるようになり，〈グローバル情報社会〉と呼ばれるようになった。

第Ⅲ部　グローバル化と私たち

　それでは，ICT革命の中身をもう少し丁寧に見ていこう。最も肝要なのは，情報化の中心であるコンピュータや携帯電話がどのような情報処理技術に基づいているのか，そのプロセス全体を理解することである。ここでは，3点を指摘しておきたい。第1に，人間と言語あるいは言語文化そのもの，そして，人工言語の発明と発展についてである。人類が発明した言語（自然言語と呼ばれる）は元々極めて象徴性が高く，複雑な構造を持っている。アメリカの言語学者であるN.チョムスキーが有名な〈変形生成文法論〉で明らかにしたように，普遍的で多層的な構造をしている。彼がいう言語構造は，コンピュータのプログラミングに応用されていく。人間が用いる自然言語から，人工言語が切り離されて確立し，急速にプログラミングが多元化・洗練化されていったのが1970年代であった。コンピュータの演算処理速度や演算容量が急激に拡大されると共に，プログラム化された環境が新たに創造され，いわゆる〈情報環境〉が整備されていく。要するに，コンピュータ本体，それから，プログラム科学，認知科学等が情報環境の主要な構成要素である。それらの応用問題が，例えば，任天堂のゲームボーイであり，ソニーのプレイステーションシリーズである。80年代以降一貫して，さらに情報環境の高度化が進む。そして，この点は，第1に，プログラムによるコントロールがさまざまな生活領域に及び，第2に，プログラムの集積と組織化が極めて高度にそして大規模になっていくことを意味し，第3に，他の機械システム（例えば，ホンダのアシモフ君のような運動系のロボットなど）との融合と組み合わせが進行することとなった。

　これらの諸点をもう少し大きく括ると，以下のような3つの論点としてまとめられるだろう。最初に，情報革命とコントロール革命とが同時に高度に進行していくことを意味する。単に情報処理の高度化だけでなく，情報処理を活かした様々のシステムをコントロールすることの技術が向上することを意味する。情報処理機械システムだけでなく，認知科学・社会心理学・社会情報学等の成果を駆使して，人間の生活領域にも多くが活用されるようになった。次に，コミュニケーション技術の連続的革新による，通信と放送の融合がはっきりとした形を取るようになったことである。かつては，2つともに国家の独占的領域で，はっきり区別して管理されてきた領域でもある。通信と放送の連携と融

合という新しい事態は，①近代社会と国家独占，②民営化とグローバル化，③通信（固定・移動通信）と放送（地上放送・衛星放送・ケーブルテレビ）の融合による3つのレイヤー化（コンテンツ・プラットフォーム・伝送インフラ），等の新しい状況の創造を含んでいる。ただし，独占状態からグローバル化が進展していっているのか，難しい判断であることも事実である。

そして第3に，情報技術とコミュニケーション技術の融合を挙げることができるだろう。携帯電話は最もそれにあたるものである。さらに，これらの大きなトレンドの帰結として，UNESCOが2005年に打ち出した〈グローバル知識社会（Global Knowledge-based Society）〉が現在のわれわれの姿であろう（なお，この報告書では，知識社会（Knowledge Society）とは，①情報社会から知識社会へ，②ネットワーク社会，③学習社会，④全ての人のための生涯教育，⑤高等教育の意味，⑥リスク社会，⑦ローカルあるいはネイティブな知識，⑧アクセスから参加へ，等が議論されている（UNESCO 2005））。

インターネットはいかにして重要になったのか

最後に，現代社会で最も影響力があると考えられる，インターネットとネットワーク文化について触れておこう。インターネットは元々，アメリカの軍事技術であり，ペンタゴン（国防総省）1カ所だけに意思決定を集中することの危険性から，分散型のコミュニケーションネットワークが構想・構築され，応用されたシステムである。1990年代の初め，アメリカの研究者たちなどに開放され始め，次いで西欧，そしてアジア等の順で，1990年代半ばまでに多くの国々に開放された。また，同じ時期に商業用のインターネット使用が認められてから，極めて活発に利用されるようになり，グーグル・アマゾン・ヤフー等の大企業を輩出するようになった。ここでは，この経済的側面だけではなく，政治的側面，特に，マスメディアやジャーナリズムに関する側面について説明しておきたい。インターネットはその双方向性により1人からシステム構成員全体まで自由に送信対象を変えられ，また，送信内容も様々な種類の情報（文字情報・映像情報等を問わず）を送信可能な極めて柔軟で空間・時間縮約的なメディアである。このインターネットに，日本を含めた多くの国々では，民主主義的制度

をさらにサポート・進化させる可能性を見出し（例：電子政府・電子投票等），脱集権的な制度設計に役立つことが期待された。しかしながら，現実には，今までの対人的コミュニケーションに基づく制度との整合性などがあり，なかなかそのシステムの進展は進んでいないのが実情である。また，インターネット利用者は確かに急激的に増加しており，人類に不可欠のメディアに成長したことは事実である。しかし，実際には，利用者間に明らかな社会的不平等が存在し，新しい階層間格差の問題（インフォリッチとインフォプア問題）が生起してきただけではなく，国家間格差も存在し，その解決には新しい英知が必要とされている（川崎 2006: 12章）。

そして，ICTに支えられた，いわゆる情報社会においては，結果として，従来のマスメディアが危機に瀕し，新しいICT技術を導入したメディアによるメディアの再編成が進みつつある。特に，アメリカにおいてその発展は著しく，市民・財団・企業などを中心に，様々な新しいメディアを創造し，それを事業展開し，新しい公共性を担うメディアとして試みる姿勢には，多くの民主主義社会が影響を受けている。しかしながら，検閲性が残っていたり，民主主義が抑制させられている社会においては，同様な傾向がみられるとは言えず，それぞれの社会により異なる発展形態を見せているというのが正確な描写であろう。これらの新しい諸点を含めて次節で更に詳しく分析してみたい。

4 グローバルな現実：
メディアの中の私たち，メディアと共にの私たち

グローバル化とメディア：何が問題か

グローバル化が進展する現代社会において，私たちはどのようにメディアに接し，またコミットしていったらいいのだろうか。青年世代にとっても極めて重要な問いかけである。その解決策の基本的方向を吟味してみたい。まず，基本問題として，2つの過剰と妥当性問題を指摘しておきたい。まず，2つの過剰とは，情報（知識）の過剰とコミュニケーションの過剰である。情報の過剰は，コンピュータやインターネットの利用に大きな影響を及ぼす。また，コミ

ュニケーションの過剰は携帯電話の利用に端的にみられる。我々は膨大な情報・知識・コミュニケーション内容に，取り囲まれ，処理に苦慮することが少なくない。要するに，高度な情報環境による日常世界の変貌がみられるのである（松田・岡部・伊藤編 2006）。それへの対応として，URL・ブログ・ツイッター等を安易に信じたり，ランキングの結果や探索エンジンの回答をそのまま基準としたりする行動となって表れたりする。そういう新しい，盲目的あるいは習慣的行動は，個人の尊厳や基本的人権を傷つけることにもなりうる。しかし，その一方で，どのようにメディアや情報に対処したらよいのか，その方法にも早急な工夫や指針が必要であることは確かなことである。

つまり，2つの過剰の中でどのようにメディアを利用したらいいのか（メディアの妥当性問題）について考える必要があるということである。まず，最初の対処としては，新しい技術や製品に積極的に対処するということが考えられる。例えば，アップル社が2010年に出したiPadや電子書籍のキンドル，それから，いわゆるスマートフォン（iPhone4, GALAXY, Android 等），そして，ネット系の新しいICT技術を導入したメディア等を挙げることができる。これらの背後には，急激なメディアの再編成があるので，これらのトレンド・流行への迅速な対処は，半分は社会的にみて適応的であり，必要な行動でもあるだろう。しかし，その反面で，ただ単純に社会的な安心を心理的に手に入れているだけで，企業の思惑にのっているだけの場合もあるのではなかろうか。つまり，資本主義の新規開拓事業への協力というだけの意味しかない場合もあるだろう。

新しい解決策とは？

それでは，どのような解決策を考えていったらいいのだろうか。その輪郭をここで示してみたい。解き口として，新しい批判的なスタンスを含むような，選択的情報行動をとる必要性を指摘しておきたい。筆者としては，具体的にエブリデイ・コスモポリタニズム，オーバーラッピングアイデンティティ，新しい文化階層の確立，トランスフォーマティブ・カルチャーなどを提言したい。

まず，旧来のマスメディアとの関係を見ておこう。現在，新聞・雑誌・ラジオ・テレビ等のオールドメディアは，大きな後退を余儀なくされている。特に，

アメリカにおいてはその傾向が甚だしく，新しいメディアとの交代局面にあるといえよう。日本においても長期的には同じ傾向にあるといえようが，その交代の速度はややゆっくりである。それに伴い，新聞やテレビを中心としたジャーナリズムの変容も甚だしく，オールドメディアに軸足を置いている人々にとって大変な危機感が生まれてきている。つまり，メディアの多様化に伴い，旧来の①市民ジャーナリズム，②エスニックメディア，③地域メディア，の見直しが必要と考えられているのだ。また，今後は，さらに，地球社会を構成する新しいグローバルシティズンの形成と〈第4の権力〉の再編成が必要と考えられている（田村・白水編 2007）。

　これらの点を，もう少し広い文脈で見たらどうだろうか。ここでは，4つの観点で分析をしてみたい。第1に，新しいリタラシー（中心，多層性，多元性，創造性）が求められているということなのだろう。今までのような，中心性，構成要素間の多層性，多元性などの基準が問われ，新たな構造化を促すような創造性が求められているように思える。第2に，新しい世論が求められている。マスメディアの領域は，双方向的なニューメディアにより，根本的にチャレンジを受けている。今までの，公平性・公正性・正義等を失わずに，新しい複合的な領域を築けるのか。第3に，大衆文化の問題があるだろう。新しい情報環境は，莫大な数の大衆たちに，利用可能性を提供してきた。その結果，様々な問題が浮上してきた。例えば，大衆は新しい健全な文化を創ることができるのか，などである。これらの点について改めてきちんとした研究と対策が必要とされている。そして，最後に，多文化主義におけるトレランスという論点を提出しておきたい。新しいメディア環境は，その多様性や多元性を不可避にしている。文化についても同様な点を指摘できる。その際，焦点は多文化主義ということになるだろう。つまり，多文化主義における価値観として，寛容性（Tolerance）という価値観がある。この価値観をどれだけ実質的に確保できるのかが問われているといえるだろう。

　それでは，先に述べたような，新しい環境に向かいあう新しいアイデンティティの輪郭を提言して分析の幕を下ろしたい。それは，重複型アイデンティティ（Overlapping Identity）である。幾つもの環境に関するアイデンティティを重

ねあいながら，多層性を確保しつつ，全体としては寛容な統合性を保有するというイメージのアイデンティティである。その成立条件は以下の3つであろう。

①日常的コスモポリタニズム（Everyday Cosmopolitanism）：日常的な場面において，ローカリズムやナショナリズムだけでなく，それを超えた認識や価値観を好み，実践していく考え方。ネットや携帯で実現が容易になった。
②民主主義的価値観：基本的人権や文化権を尊重する考え方。
③文化の多層化・多元化：文化が純粋で単一的ではなく，様々な構成要素がしばしば矛盾なく，時々屈折して結びついていて，その状態が積み重なっていたり（多層的），多くの中心からなっていたり（多元的）すると考える，文化に関する見方。

また，重複型アイデンティティには大きく分けて，次の2タイプがある。
①社会関係的自己タイプ：現実の対面関係（face-to-face relationship）を重視し，地道に異なる他者や文化と付き合い，トレランスからアイデンティティを積み重ねていくタイプ。
②情報処理的自己タイプ：ネットや携帯による重複化を好み多用するタイプ。

そして，この重複型アイデンティティの確立は，単に情報環境の高度化だけでなく，クリエイティブシティを可能にするようなグローバル化の展開と相乗しているだろう。このアイデンティティは，新しい流動的なトランスフォーマティブ・カルチャーに適応的でもある。新しい環境の下，ハイブリッド，ソフト，そして強靭なメディアと公共性の再編成が待たれるところである。

そして，この新しいアイデンティティと文化の下でも，普遍的に解決すべき課題があることを確認しておきたい。近代社会をベースとした人間としての普遍性でもあるだろう。ここでは，ステレオタイプと複雑性を指摘しておきたい。前者は，メディアのステレオタイプであり，不平等・階級・人種・ジェンダー等を正当化させる機能を果たす。例えば，メディアを通した女性の典型的描き方はどうだろうか。その描き方は，①妻・母・主婦として（昔からの役割の強化と，女性の職業分野の限定など），②ありきたりの商品に性的魅力をほどこす表示物として，③男性に奉仕する性的対象として描かれることが多い，などである。

それから，国際的社会移動による文化の〈複雑性（Complexity）〉については，次のような5つの影響を挙げることができる。①映画のロマンティックなファンタジーに反応したり，②一種の礼拝としてのテレビ視聴をしてしまったり，③当該社会のドラマは，親世代から否定されても，その家庭生活に埋め込まれてしまっていたり，④母国と移住先の二重にアイデンティティが形成されたり，⑤ニュースに対するアンビバレントな反応をしがちであったりすること，などがあげられる（Cohen & Kennedy 2007: 14章）。

5　結　語

　グローバル化する現代社会にあって，基礎を提供しているのは近代社会であり，その後の展開としてポスト近代社会がある。グローバルな発展段階に近代社会が突入したことにより，社会構造が変わりつつあり，新しい階層文化も形成されつつある。その一方で，グローバル化を支えるものとして，ICT革命がある。1960年代以降進行し，その結果として情報社会そして知識社会が成立した。その社会では，携帯やインターネットによりトランスフォーメーション（変容）が継続してみられるようになった。その結果，マスメディア環境がさらに多様化・多元化して，近代に成立した従来の世論や公衆とは異なる社会的存在が確立しつつある。また同時に，ジャーナリズムもそれに伴い変質しつつある。これらの大きな変化の向こうにあるものは何なのか。

　これらの疑問に対し，単に理論的に分析するだけでなく，世界の現実を踏まえて考える必要がある。例えば，国家とメディアについて，依然として必要のない検閲制度が存在している国家もたくさんある。また，その国際的文脈（アメリカ，ヨーロッパ，アジア（東アジア・東南アジア・南アジア・西アジア等）等）をきちんと踏まえる必要もある。我々は単に日本という国だけで生きているのではない。国際社会の一員の自覚も必要なのだ。そして，国際的機関などの機能（国連・ユネスコ，基本的人権・文化権，文化的多様性条約・文化的多元主義，等）とグローバル化の動向（WTO，多国籍企業，商業主義，等）等を十分に自覚をすることも大切である。ただ，合わせるのではなく，人権・文化的多様性・正義・公正・平

等等を念頭に入れながら，メディア環境を新たに作り出していくことにコミットしていくことが大切であり，我々に求められているのである。

〈用語解説〉

＊1　マスメディア
　　世論をリードする少数の送り手（新聞社・放送局等）が多数の受け手（国民・大衆等）に向かい発信するための媒体（メディア）。
＊2　ジャーナリズム
　　近代国家において，民主主義を支える，主要な担い手の一つであり，多くはマスメディアや知識人等より構成される。
＊3　インターネット
　　コンピュータ間を繋ぐ分散的な情報通信システム。元々はアメリカ政府により開発，普及された。
＊4　グローバルメディア
　　グローバルな規模で世界のエリートやグローバル市場を支える市民等を動かす様々な媒体（メディア）。
＊5　情報社会
　　情報化が進んでいる社会形態。主に，コンピューターや通信機器等のハードな側面と，プログラムやコミュニケーション等からなるソフトな側面とからなる。

〈参考文献〉

歌川令三・湯川鶴章・佐々木俊尚・森健・スポンタ中村 2007　『サイバージャーナリズム論』ソフトバンク新書
小川葉子・川崎賢一・佐野麻由子編著 2010　『〈グローバル化〉の社会学』恒星社厚生閣
川崎賢一 2006　『トランスフォーマティブ・カルチャー』勁草書房
田村紀雄・白水繁彦編著 2007　『現代地域メディア論』日本評論社
フェザーストン，マイク 2009　『ほつれゆく文化』（西山哲郎・時安邦治訳）法政大学出版局
福永勝也 2010　『衰退するジャーナリズム』ミネルヴァ書房
フレデリック，ハワード・H. 1996　『グローバル・コミュニケーション』（川端末人他訳）松栢社
ヘルド，デイヴィッド他 2006　『グローバル・トランスフォーメーションズ』（古城利明

他訳）中央大学出版部
松田美佐・岡部大介・伊藤瑞子編 2006 『ケータイのある風景』北大路書房
吉見俊哉・土屋礼子責任編集 2010 『大衆文化とメディア』（叢書現代のメディアとジャーナリズム４）ミネルヴァ書房
Cohen, R. & P. M. Kennedy 2007 *Global Sociology (2nd Edition)*, N. Y. U. P.
Giddens, A. 2007 *Sociology (5th Edition)*, Polity Press.
UNESCO 2005 *Towards Knowledge Societies*, UNESCO.

〈発展学習〉

藤竹暁 2005 『日本のマスメディア（第２版）』NHKブックス
　日本のマスメディアの状況を概説した教科書。様々な分野からなる日本の現状を認識して欲しい。

岩渕功一編著 2010 『多文化社会の〈文化〉を問う──強制・コミュニティ・メディア』青弓社
　日本の多文化社会について，カルチュラル・スタディーズの立場から解説した共著。批判的スタンスの取り方を学んでほしい。

フロリダ，リチャード『クリエイティブ資本論──新たな経済階級の台頭』（井口典夫訳）ダイヤモンド社
　グローバル化への対応として新しく創造都市を支える，新しい社会階層についてはじめて分析した専門書。メディア関係も多々含まれる。

第9章
留学生交流は何をもたらすのか

加賀美　常美代

1　はじめに

　近年，日本に住む外国人の数は上昇の一途をたどっている。法務省入国管理局の2009年末のデータでは，外国人登録者数は218万6121人である。この数は，1978年の76万6894人に比べると，2.85倍となっており，わが国総人口の1.71％となった。出身国数は189カ国にわたり，地域別に見ると，中国が31.1％を占め，韓国・朝鮮，ブラジル，フィリピン，ペルー，アメリカ合衆国と続いている。1990年6月に「出入国管理及び難民認定法」の改正が施行され，特に，南米からの日系2世，3世の人々は「定住者」の在留資格で就労が可能になり，同伴される子どもも増加した。このように，この約30年間で日本社会を構成する人々が大きく変化している。

　一方，海外に居住する日本国籍を有する人に焦点を当てると，2009年の外務省の「海外在留邦人数調査統計」では，日本国籍を有する海外長期滞在者（3カ月以上）及び永住者の数は，113万1307人で20年前のほぼ2倍となっている。そのような状況下で，従来の企業などの海外勤務のほかに，青年海外協力隊，海外への派遣教師，NGOなどの国際協力活動も加わり，欧米だけでなくアジア・アフリカ諸国への派遣が増加し居住する日本の人々や家族も多様化してきている。このように国内外でのグローバル化が進行する中で，文化的多様性のある人々との共生は社会的課題である。

2 留学生の国際的な潮流

留学とは

　グローバル化の進展に伴い，留学生としての人の流動化も活発になってきている。全世界で学んでいる留学生は300万人といわれている。2007年のデータでは，米国が最も多く62万3805人，イギリスが38万9330人，ドイツが24万6369人，フランスが26万596人，オーストラリアが29万4060人，日本が12万3829人となっており，6カ国だけで全体の60％以上を占めている。このように留学生は先進国へ向かう一方的な留学潮流を示しており，英語圏の国が主流である。日本で学ぶ留学生数は着実に増加しているものの，高等教育機関在学者数に対する留学生受入れ数の割合で見ると3.5％と国際的にはまだ十分な水準ではない現状にある。

　それでは，留学とはどのようなものだろうか。まず，留学とはマクロレベルで言うと，人材流動の一つの形態で送り出し国と受け入れ国の要因が絡んでいる（横田・白土 2004）。まず，送り出し側のプッシュ要因として発展途上国では，政府の方針により先進国の高等教育機関で学び，自国の発展に寄与してほしいという国策のような動機づけがある。こうした経済的基盤がぜい弱な場合，国費，公費のエリートのみの留学になることが考えられる。一方，留学生を引き寄せる魅力として受け入れる側の要因，プル要因もある。一般的には途上国から先進国へという流れがあり，先進国の経済力，優位な言語，高等教育力等，自国の発展に寄与する要因を持つというものである。

　しかしながら，留学はミクロレベルでは個人の人生選択である。自分が海外留学を希望するかどうか，どのような人生設計を持って海外で勉強や研究をするかという個人の動機づけがまず存在する。その上で，経済的基盤，海外留学のアクセスのしやすさなども関連してくる。しかし，留学の個人的メリットは，一般的には異文化体験により，相手文化の制度や規範，価値観だけでなく，自国文化の制度や価値観，多文化からの留学生に出会うことで自己と他者，自国と他国を相対化できることであろう。また，文化を超えた多様な人々との交流，

当該国の言語習得や新たな知識の獲得，価値を揺さぶられることによる自己成長も挙げられる。

　最近，日本人学生が内向きで海外志向が低下していると指摘されている。2010年4月，アメリカの『ワシントン・ポスト』によると，2000年以来，米大学に在籍する日本人学生数が減り続け，学部生の数は52％減少，大学院生の数は27％減少し，2009年秋のハーヴァード大学の学部入学者は1名とのことである。このことは，日本が先進国として成熟してきたため，アメリカへ送り出すプッシュ要因が減少したことが考えられる。また，昨今の長引く不況や就職困難のため個人的に海外留学希望があっても，まずは経済的負担やリスクの高い留学よりは国内就職という社会的安定志向が優先されるのではないかと考えられる。

受入国からみた留学生受け入れのメリット

　日本では途上国の人材育成の援助策としてグローバル化社会における社会貢献，人材育成という視点で，留学生受け入れを行ってきた。しかし，イギリス，シンガポール，オーストラリアでは，援助政策という観点だけでなく，ベネフィットとコストという観点から留学生の受け入れの分析がなされている。つまり，留学生受け入れのメリットとして，留学生に対して自国の学生より高い授業料を徴収し外貨を獲得するという方策を取っている。しかしながら，コスト・ベネフィット分析だけでは得られない留学生受け入れのメリットを横田ら（2004）は次のように示している。①外交戦略的な利益として世界の将来を担う人材に自国の理解者を増やす，②教育啓発的利益として自国の人が留学生と触れることで多様な文化と価値に触れグローバルな能力を培う，③学術的な利益として優秀な研究者を世界からリクルートして研究水準を向上させる，④産業的な利益，高度人材として自国の産業に貢献するというものである。

　このように世界の中での留学生交流はその国だけのメリットだけでなく，グローバル社会における多様な側面から，人類に共通する普遍的な人材育成として平和構築に寄与する可能性を持つ。

日本の留学生政策

　日本留学については、実際に多くの留学生が日本で学ぶようになったのは、ここ30数年のことである。1969年には、4000人にも満たなかった在日留学生が1990年には4万8000人と急激に増加し、2003年には10万人を超えた理由として考えられるのは、20世紀初頭までに留学生を10万人受け入れようと日本政府が1983年に立てた政策、留学生受入10万人計画によるところが大きい。

　この施策が計画された当時の在日留学生は1万人程度であったが、米国ではすでに約31万人、フランスでは12万人、ドイツやイギリスでも5万人以上の留学生を受け入れていた。そのため、政府は国際社会の中で、日本も先進国、経済大国に相応しい役割を果たす必要があると考え、途上国の人材育成や知的国際貢献を目指してこの施策を基本方針として打ち出したのである。その結果、2005年の留学生数は12万1812人に達し、文部科学省は21世紀初頭の10万人受入の目標を達成したという見解を示している。しかし、日本では、急速に高度経済成長を遂げたために、コミュニティにおける外国人受け入れの社会的基盤が十分にないまま、先進国としての責務として留学生受け入れを行ったため、本質的な外国人受け入れの議論がなされておらず、その理念が不明確である。

　特に、日本の留学生政策理念はヨーロッパのような経済政策的視点や外交戦略としての明確な位置づけがないといわれている。援助モデルの途上国援助に対する効果についても検証されておらず、日本の留学生政策の問題点につながっている。このように、留学生政策は量的増加に貢献したものの質的向上については改善すべき課題も多い。たとえば、2009年には留学生数が12万3829人となったが、出身地域別に見ると、アジア地域からの留学生が全体の約9割を占め（中国、韓国、台湾の学生が全体の約8割）、私費留学生の割合もほぼ9割を占める。このことから私費留学生の経済的基盤がぜい弱でアルバイトを前提に日本の留学生受け入れが成り立っている点は変わらない。また、対人レベルでの質的な問題も解決に至っていない。そのような状況下で2008年、文部科学及び関係省庁から新たに「留学生30万人計画」が示された。

　「留学生30万人計画」では、日本を世界により開かれた国とし、アジア、世界の間のヒト・モノ・カネ、情報の流れを拡大する「グローバル戦略」を展開す

る一環として，2020年をめどに30万人の留学生受入れを目指している。このため，日本留学への関心を呼び起こす動機づけや情報提供から，入試・入学・入国の入り口の改善，大学等の教育機関や社会における受入れ体制の整備，卒業・修了後の就職支援等に至る幅広い施策が打ち出されている。この中で特徴的な施策は，留学生の日本での就職支援の促進が付加されるようになったことである。このことは，留学生という人材が新たに日本企業，日本社会のグローバル化を促進させる起爆剤となる可能性をもつ。しかしながら，30万人計画については，2009年度に開始された文部科学省事業国際化拠点整備事業として大学の国際化の推進，留学生に対する魅力的な教育の提供，日本人学生も含めた国際的に活躍できる高度な人材の養成を図ることを目的とし，上位13大学を選定し多額の資金援助を投入し，留学生教育の大学間格差を生じさせている。留学生支援は大学と社会の多文化共生という意味でも，すべての大学に対して等しく基本的な資金援助が必要である。

　さらに，留学のグローバル化は世界中から有能な学生を集める人材獲得競争をもたらしている。特に中国や韓国など留学新興国ではこの人材獲得競争の傾向が著しい。2009年に中国が受け入れた外国人留学生数は23万人を超え過去最多といわれている。優秀な留学生人材の獲得は日本の産業界にとっても決定的な重要性を持つ。日本文化を理解し，自国のみならず日本を発展させる力を持つ留学生人材の育成が重要な意味を持つのである。

3　留学生の抱える問題

　すでに留学生の世界的潮流や政策に関するマクロレベルでの問題を述べてきたが，留学生の抱える問題は，ミクロレベルでの問題もある。それでは，留学生の個人的な問題とはどのようなものであろうか。

　米国では，43万8000人の在米留学生の問題を，カルチャー・ショック，言語問題，孤立，外国暮らしによる孤独など全般的な適応問題と見なしており，約2割に心理的な問題がある。留学生の主要な問題としては，カルチャー・ショック，教育システムの斬新さから生じる学問的困難性，学生間の政治的，宗教，

社会的コンフリクト，母国の発展の影響，異文化間の異性関係，社会的孤立，抑うつ状態，パラノイア，経済的問題，入国管理局による恐れや不安，アメリカ人とのストレスフルな対人関係，新しく発見した自由の問題，期待はずれ，自国での親戚や友人の死の問題，卒業の後の進路，帰国後の不安などを挙げている。このように，留学生は自国の学生より付加的なストレスがあり，留学生の問題を外国に居住する人の普遍的な問題，青年期の問題，学問的なストレス，留学生が自国の代表として感じる役割上のストレスの4タイプに分けている。

日本での留学生の抱える問題については，留学生宿舎の相談内容を分類したところ，経済的問題，住居問題，日本語学習，研究関連，進路相談，在留関連，情報提供，健康心理，対人関係，トラブル相談と対処などが示されている。これらの問題を整理すると，マクロレベル，メゾレベル，ミクロレベルに大きく分けられる。マクロレベルの問題には，環境的要因で経済的問題，住居問題がある。アジアの留学生が9割，なおかつ私費留学生が全体の9割を占める現状では，留学生の生活基盤はアルバイト（資格外活動）を前提としたものとなる。学習，研究目的で来日しているはずの学生の困難は，日本での生活の保証という点で障害をもつ。

メゾレベルの問題は，マクロとミクロをつなぐような問題で，情報提供や対人関係に関連する。新入留学生の場合，情報ネットワークの一つである対人関係が希薄なために，知るべき情報を知らない「情報からの疎外」がある。また，同じ寮，大学に何カ月も住んでいながら，心の許せる友人ができないことに対し，日本人への不満や不信感，疎外感を募らせる場合もある。

ミクロレベルの問題には，日本語学習，健康心理の個人レベルの問題がある。言語学習が困難な例や長期間の日本語集中コースに順応できずに自尊心を喪失した例，学習時に集中できずに学習意欲が低下して学習自体が苦痛になった例，生活の活力が失われ気持ちが落ち込みうつ傾向になった例もある。

以上のことから，日本でも欧米でも，受入社会の文化的な背景は異なるものの，留学生の問題は概して青年期の発達課題，大学生活をする上での問題などネイティヴの学生と共通する点も多い。しかし，留学生独自の問題としては各国に共通して，文化的ストレス，言語，孤立，孤独など異文化接触による心理

的問題がある。これらはミクロレベルからマクロレベルに至るまでの問題が複合的に生じていると言える。

　それでは，留学生の精神衛生に影響を及ぼす要因とはどのようなものだろうか。カナダの移住者を対象にした報告では精神衛生上の危険因子を次のように7要因挙げており，これは留学生の精神衛生においても適用可能である。それは，①社会的・経済的地位の低下，②留学（移住）した国の言葉が十分話せないこと，③家族からの別離，④受入国・人の友好的態度の欠如，⑤同じ文化圏の人々に接触できないこと，⑥留学（移住）に先立つ心的外傷体験／持続したストレス，⑦ライフ・サイクル上の問題（思春期・青年期等）である。このように，移住者と同様，留学生も文化移動に伴う様々な精神衛生に関する危険因子が複合的に関連してくることを考慮しなければならない。

　しかし，留学生は移住者と異なり留学生に特有な問題も注目すべきである。まず，留学生は移住者に比べ中長期的な滞在であり，帰国を前提としている「一時的滞在者」である。また，将来の展望が見えにくい過渡的な存在であるため，日本社会に根づいた活動ができず中途半端な関わりになってしまうことがある。一方で，帰国せずそのまま日本で就職を希望する人も増加している。日本での就職，母国，他の外国での就職や進学など，多様な進路選択があるがゆえに抱える悩みも複雑になっている。昨今は，グローバル社会を背景に複数の文化的背景を持つ学生も散見されている。たとえば，両親の出身文化が異なったり，すでに幼少時に移住経験をもったり，留学先国から交換留学生として日本に留学にきたりしていることもあり，単一文化の移行だけでなく複数文化のハイブリッド性（異種混交性）をもつ。このように，ハイブリットな特徴を持つ留学生も，アイデンティティの危機が生じる可能性もある。

4　異文化接触とは何か

　それでは，こうした留学生の問題を考える時に根幹となる異文化接触とは何であろうか。異文化接触とは「文化的背景を異にする人々の間でなされる対面的相互作用」である。異文化接触については，旅行，留学，駐在，移民，結婚

など人の移動によって生じる場合と移動を伴わない環境の変化として起こる場合に分類している。

異文化接触は個人と集団に焦点があてられる。前者は、異文化接触を一つの文化化複合体と同じ機構を持つもう一つ別の文化化複合体に個人が移行することであり、言い換えれば、新しい文化学習である。異文化の学習は、様々な種類の社会関係を通して言語及び技術のような思考・行動領域の学習から始まり、次第に深く価値・規範など思想領域の学習へと進み、個人に内面化されていく。

後者は、文化の違いを個人の違いではなく集団の違いとし帰属している集団が問題となる。それゆえ、異文化接触では個人対個人の接触が集団間接触の枠組みに変換され、個人は集団などの社会的脈絡の中で理解される。

この個人対個人、個人対集団という異文化接触に関する論説をもとに、両方の見解を備えた異文化接触の定義は、ある社会的背景を持った諸個人が、別の文化に所属する諸個人と接触し学習する過程であり、それは集団という脈絡の中で認知される集団間接触でもある（加賀美 2007）。つまり、異文化接触はマクロレベルとミクロレベルの相互作用であり、留学生は日常的に異文化に晒されているため心理的な影響を受けている。

それでは、異文化接触で生じる心理的な問題であるカルチャー・ショック[*1]はどのようなものであろうか。それは、明確な心理的・物理的な報酬が全般的に不確実でコントロールや予測がしにくい状況におけるストレス反応である。カルチャー・ショックの生じる要因については、異文化接触によるのか、または個人差によるのかという論点があるが、個人が異文化で生活するときに表れるという意味では文化的現象であるが、表れ方が個人によって異なるという意味では個人的現象であるという。つまり、社会文化的要因と個人的要因の影響し合う力動的作用の結果としてカルチャー・ショックが生じるのである。

在日留学生研究の中で最もトピックとして多いのは文化的適応[*2]に関する研究である。異文化接触を考える時に時間的段階的変化と類型化の視点がある。前者は、時間の経過により異文化適応のプロセスが異なり、いくつかの段階を経て適応にいたるという理論的仮説で、後者は、自文化に対する態度と相手文化に対する態度の軸から異文化適応の態度を類型化する理論的仮説である。

時間的段階的変化に関する異文化適応研究の代表的なものに，Ｕカーブ仮説，Ｗカーブ仮説などの先駆的研究がある。Ｕカーブ仮説は，滞米中のフルブライト奨学生であるノルウェー人留学生の経験を調査した結果，これを提唱したものであり，彼らの異文化適応過程は，ハネムーン（新しい環境に入り意気揚々と熱意を感じる時期），葛藤（移行前の環境の喪失感と新しい環境への否定的感情），回復（新しい環境に慣れ落ち着き，帰属意識が芽生える），二文化並立期（２つの文化に帰属感を持ち柔軟に適応できる）の４時期がある。また，異文化滞在中と帰国後に２つの心理的な低調期があるというＷカーブ仮説もある。しかし，その後の研究ではＵカーブ仮説，Ｗカーブ仮説について，過度の一般化に基づくこと，定義があいまいであること，横断的調査が多く縦断的データに基づいていないことが批判されている。

　異文化適応の類型化には，異文化受容態度の類型モデルがある。ベリー（Berry）は異文化適応を調節のプロセスとみなし，長期間にわたって２つの文化的集団が接触した結果として生じた変化を表す文化適応モデルを提起した。そのモデルは，自文化への態度を重視するか，しないか（好意的，否定的），ホスト文化への態度を重視するか，しないか（好意的，否定的）という組み合わせから成る適応の４類型である。統合 integration は，文化移動した人たちが自文化を重視しつつ，ホスト文化にも好意的な態度を持つタイプである。同化 assimilation は，ホスト文化には好意的な態度を持つが，自文化に対してはあまり重視しない態度を持つタイプである。分離 separation は，自文化に対しては重視する態度を持つが，ホスト文化に対しては否定的な態度を持つタイプで，周辺化 marginalization は，自文化に対してもホスト文化に対しても否定的な態度を持つタイプである。ベリーはこれらの態度が異文化接触過程においてストレスや行動に影響を与える重要な要因であることを示した。

〈コラム〉　接触仮説

加賀美常美代

　1954年，G. W. オールポート（Allport）によって書かれた "The Nature of Prejudice"（邦訳：偏見の心理）は，アメリカの公教育分野における白人と黒人の

> 人種隔離の是非が問われた1954年のブラウン対教育委員会裁判の審議の際，社会科学の中心的論述（人種隔離の結果，黒人の自尊心を低下させ，学業成績は低下し，白人の黒人に対する偏見が高まるという主張）ともなり，その後も集団間接触関係の基礎研究として重要な役割を果たしている。この判決は，学校の人種隔離撤廃を求めた最初の司法上の判決であり，これをきっかけに人種隔離と差別撤廃を求める公民権法が制定された。
>
> 　接触仮説によれば，ある条件が成立しなければ，異文化接触の帰結は必ずしも好意的になるとは言えない。その条件とは，対等な地位での接触，共通目標を目指す協働，制度的支援，表面的接触より親密な接触であり，この4条件が満たされなければ，異文化における集団間接触では効果的な作用は果たせないというものである。これらは現在でも基本的には変化していないが，アミールは，この4条件に次の2条件を追加している。それは，マジョリティ・メンバーがマイノリティの中でより高地位にあるメンバーと接触する時と，集団間接触が愉快で，報酬的である時である。クックは，さらに集団間接触が好意的態度になるための条件として，接触の過程で顕在化される非好意的な集団の属性が，その集団に関するステレオタイプ化された信念を打ち砕く時の1条件を追加している。このように，接触仮説は集団間接触研究において重要な役割を占めるが，その接触効果については論争が続いている。

5　異文化接触と日本の留学生交流の問題

　コラムで述べたとおり，アメリカでの異文化接触に関しては理論的根拠となった異文化接触仮説がある。日本においては留学生の異文化接触の問題とはどのようなものであろうか。ここでは留学生が現在ホスト社会のどのような人々とどのような接触状況にあるか，また，彼らを取り巻く日本人ホストとの相互作用の結果，どのような対人関係や交流の問題が生じているのかに言及しよう。

　第1に，異文化接触については，文化的背景が異なるために，相手の期待やコミュニケーション方略，取り巻く状況が理解できないことで，さまざまな葛藤*3が生じる。異文化間葛藤は，内容，アイデンティティ，関係的問題，手続き的問題において，価値観，規範，過程，目標が2つ以上の文化集団の間で相反

すると知覚された状態である。日本でも留学生と取り巻くホスト社会の人々との葛藤は価値観や規範等の違いに由来することが考えられる。例えば，私費留学生や日本語学校生とアルバイト先での上司や同僚との葛藤や被差別観は個人と集団の双方の認知的な差異や労働観に由来すると考えられる。また，留学生と指導教員，日本語教員など接触の多い人々との葛藤も散見されるが，教育価値観の違いや文化的コンテクストにおける勢力差に影響される。これらの葛藤に対して，留学生や関係者が対決姿勢や回避行動を示すなど多様な形で葛藤解決方略*4が取られている。

　第2に，留学先国と出身国との外交関係や歴史的関係に影響される。留学生の出身国との歴史的経緯で対日態度がすでに形成されていることもある。たとえば，韓国の日本に対する否定的イメージを持つ人は小学生から既に2割を占め，この時期から形成され，中学生からは3.5割と最も強まり，高校生，大学生では固定化されていく傾向が見られた（加賀美・守谷・岩井・朴・沈 2008）。したがって，日本の留学体験の内容によって負の関係から正の関係へ転じることができるかが教育効果として大きいといえる。

　第3に，留学生とホスト社会の人々との接触があまりもたれない，つまり両者が分離の状態ということがある。特にこれまで大学キャンパスでは，留学生が日本人学生との接触の機会を持てず交友関係に不満があることが指摘されてきた。こうした状況は，受入社会の人々とのあたたかい交流を求め，期待に胸を膨らませてきた留学生を失望させる。たとえば，授業で話したことがある日本人学生がキャンパスや宿舎の中で目が合っても挨拶しないことに対し，自分は何か悪いことをしたのではないかと自分を責めてしまう留学生もいる。また，宿舎の中で学生同士が話をせず，留学生が孤立した状況にあることもある。

　大学キャンパスにおいて，留学生と日本人学生の交流を阻害する要因については，これまで指摘されている心理的要因のほかに，大学の情報からの疎外や交流する機会，場所，時間がないという環境的阻害要因がある。また，媒介言語や接近方法に関する対人コミュニケーション・スキルの欠如，出身国との歴史的，宗教的，社会経済的認識の違いなどの関連要因がある。こうした阻害要因を考えると，接触仮説の条件を満たす教育環境を大学コミュニティに整備さ

せる必要がある。また，宿舎や学内の留学生と日本人学生の交流が円滑にいかない状態は，留学生にとって日本での豊かな異文化体験ができないことによって自己成長の機会を逸するだけでなく，学生への異文化間教育，大学自身の内なる国際化，国際社会における日本の大学の教育評価という点から考えても損失だといわざるをえない。

6　交流を阻害する問題をどのように解決するか

　異文化間交流は，何もしない普通の状態や自然に任せても促進されず，日本人学生と留学生との自然な相互作用からは生じにくいが，こうした異文化間交流に関わる問題を打開するためには，どのようにしたらよいだろうか。まず，考えられることとして，大学や教育機関で異文化間教育に関わるものが日本人学生との協働活動を前提とした教育的介入を行うことで，ステレオタイプをうち崩すことができるような交流の場を大学コミュニティに設定することが必要である。

　ここでいう教育的介入とは「一時的に不可避な異文化接触体験を設定することで組織と個人を刺激し，学生の意識の変容を試みる行為」である。教育的介入における教育とは，目的的，意図的になされるコミュニケーションで，社会に望ましい行動を助長し，そうでないものを抑制することで，また，介入とは望ましくない状況にならないように早期に予防し，対象者に働きかけを行うことである。こうした教育的介入の必要性については，異文化間教育の視点からも指摘されている。異文化間教育の課題は，研究成果を何らかの意味で異文化にかかわりを持つ意図的，計画的教育活動の「計画」（異文化にかかわる諸問題への政策的，制度的組織的対応を含む）と，「実践」（カリキュラム編成，教育方法，教育効果などを含む）に生かす研究を進めることである。筆者のいう教育的介入は，異文化間教育における意図的，計画的教育活動の計画と実践に生かす研究という意味で関連がある。また，大学コミュニティにおける留学生を交えた国際交流の促進とグローバル社会へ向けての人材育成は，マクロレベルにおける社会，組織への介入であり，ミクロレベルでは個人への認知，情動，行動の変化を促

第9章　留学生交流は何をもたらすのか

すきっかけであると考えられる。
　次にこうした大学キャンパスにおける教育的介入の実践事例を挙げて，教育的介入がどのようにミクロレベルで学生個人の認知，情動，行動を変容させているか，検討してみよう。

大学における授業以外の実践例──国際教育交流シンポジウムによる効果
　筆者は2002年から毎年「留学生と日本人学生の国際教育交流シンポジウム（交流合宿）」を継続して9回実施している。ここではまず第1回目のシンポジウムで学生の意識の変化を促すために行った2つの教育的介入（シミュレーション・ゲームと協働的活動）の効果について紹介する（加賀美 2006）。教育的介入が多文化理解態度にどのように影響し，留学生と日本人学生の特徴的な差異があるか，日本人学生17名と10カ国の留学生27名を対象に，多文化理解尺度を用いてその効果を検討した。その結果，創造性，協働性，共感性にゲーム終了後，協働的活動後というように段階的に効果が生じていた。また，協働的集団活動は，積極的傾聴，言語学習の重視の態度，創造性，協働性，共感性に効果があった。また，留学生が日本人学生より公正感，自文化尊重，複眼性において高得点だった。一方，日本人学生は創造性，多様性尊重，状況判断，積極的傾聴，言語学習の態度，対等性，柔軟性において高得点だった。以上のように，教育的介入は留学生と日本人学生の多文化理解態度に多様な効果があることが示された。

大学授業「多文化間交流論」終了後のインタビュー調査
　筆者の担当する多文化間交流論は，異文化間コミュニケーション理論と関連する話題を取り上げ，日本人学生と留学生が同じクラスでグローバル社会における多様な問題について討論を行う参加型授業である。①相手を知る，②相手とかかわる，③共に行動する の3つを実践しながら，共同グループ活動を通してお互いのコミュニケーション形式や多様な価値観を理解すると共に，相互理解を深め，文化差・年齢差を越えた人間関係作りの場の提供を目指している。筆者はこの授業を学生がどのように受け止めその意味を見出しているか，授業後のインタビュー調査で検討した（加賀美 2006）。その結果，グループの中での

第Ⅲ部　グローバル化と私たち

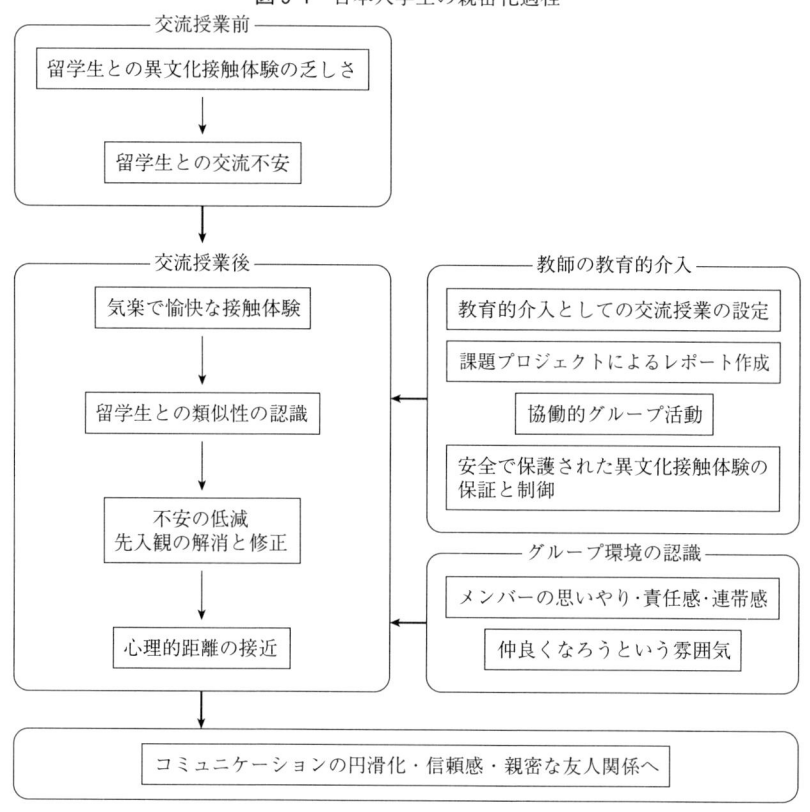

図9-1　日本人学生の親密化過程

```
交流授業前
  留学生との異文化接触体験の乏しさ
    ↓
  留学生との交流不安
    ↓
交流授業後
  気楽で愉快な接触体験
    ↓
  留学生との類似性の認識
    ↓
  不安の低減
  先入観の解消と修正
    ↓
  心理的距離の接近

教師の教育的介入
  教育的介入としての交流授業の設定
  課題プロジェクトによるレポート作成
  協働的グループ活動
  安全で保護された異文化接触体験の保証と制御

グループ環境の認識
  メンバーの思いやり・責任感・連帯感
  仲良くなろうという雰囲気

  ↓
コミュニケーションの円滑化・信頼感・親密な友人関係へ
```

　コミュニケーションが促進され，人間関係がより親密になっていく過程において，日本人学生には類似性の認識が，韓国人留学生には母文化のコミュニケーション・スタイルとの共通性，自己開示の互恵性が重要であることが示唆された。

　このことから，大学における多文化間交流においては，学生同士の類似性と母文化との共通性を念頭に置き，自己開示を促進させるための教育的介入が重要であることが示唆された。文化的背景の異なる学生同士が，交流授業で3カ月間，自分なりの意味を見出し，交流を深められたという点では，この異文化

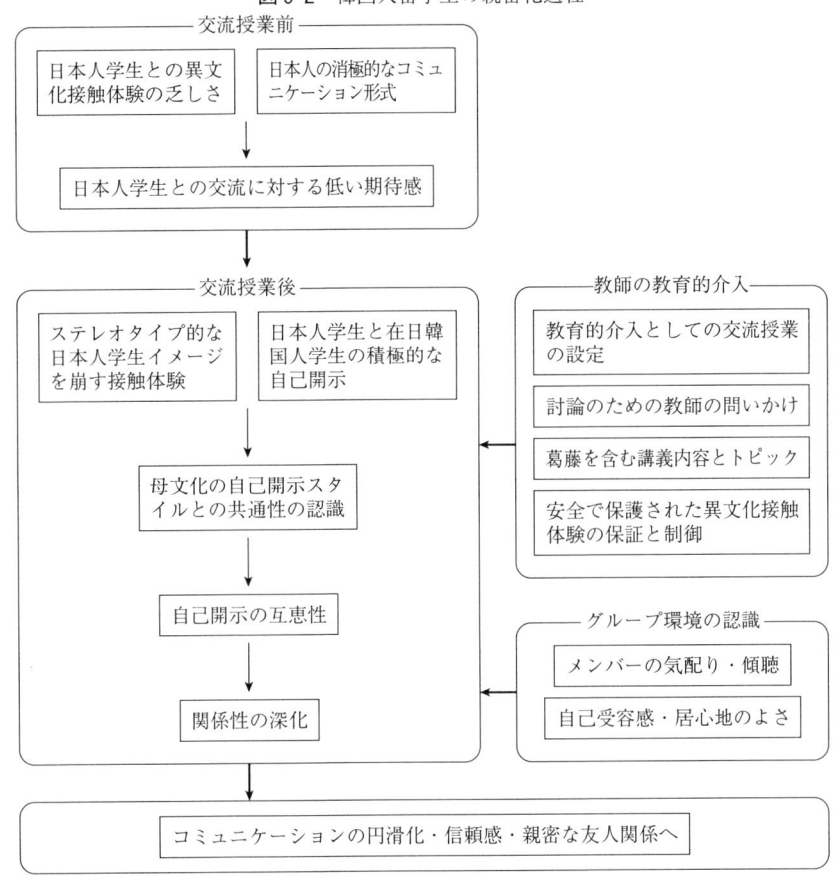

図 9-2　韓国人留学生の親密化過程

交流授業前
- 日本人学生との異文化接触体験の乏しさ
- 日本人の消極的なコミュニケーション形式
- 日本人学生との交流に対する低い期待感

交流授業後
- ステレオタイプ的な日本人学生イメージを崩す接触体験
- 日本人学生と在日韓国人学生の積極的な自己開示
- 母文化の自己開示スタイルとの共通性の認識
- 自己開示の互恵性
- 関係性の深化

教師の教育的介入
- 教育的介入としての交流授業の設定
- 討論のための教師の問いかけ
- 葛藤を含む講義内容とトピック
- 安全で保護された異文化接触体験の保証と制御

グループ環境の認識
- メンバーの気配り・傾聴
- 自己受容感・居心地のよさ

→ コミュニケーションの円滑化・信頼感・親密な友人関係へ

間コミュニケーション教育の実践は，大学キャンパス内の多文化間交流においても効果が得られたといえる。

学生同士の自発的な多文化交流活動への支援

　お茶の水女子大学では，2002年に TEA（Transcultural Exchange Association）という留学生と日本人学生の国際交流グループを立ち上げ現在も継続的に自発的活動をしている。日常的には昼食を一緒にとりながら歓談する機会を設けて

いる。前述した国際教育交流シンポジウム（交流合宿）はTEAが継続的に実践の中核を担っており，多様な文化背景を持つ学生同士の交流を深めている。最近のシンポジウムでは，全体に向けてボディワークやゲーム，リラクゼーションなどを通じて学生の緊張感を低減させた後，分科会でのグループ活動に臨んでいる。グループ活動のテーマは学生が決定するが，以前は女性の生き方や国際問題という内容が多かったが，最近では多様なポップカルチャーなど娯楽性の高い内容に変化してきている。そのほか学園祭や留学生オリエンテーション，ウェルカムパーティなどの企画と実践を行っている。こうした正課外の自由な活動の場を大学が保証し，教員が援助していくことも多様な多文化交流を促進させるために重要なことである。

7 終わりに

以上のとおり，本章では，世界と日本の留学生交流の現状と問題と解決をマクロレベルからミクロレベル，介入実践に至るまで論じてきた。こうした留学生交流に関する理論と実践などの知見は，昨今，多様な外国人が増加し続けている地域社会においても，住民と外国人定住者やその家族，学校コミュニティの中での教員，生徒とニューカマーの児童生徒たちとのかかわり方や共生について，多くの様々なヒントを与えてくれるものである。今後，当事者として日本社会で外国人と日本人がどのように共存し生きていくか，グローバル化社会における重要な社会心理的課題を私たちは課せられている。それとともに「今，ここに居住しているコミュニティ」の当事者として，自民族中心主義を打破していく関係性を醸成していくように構成メンバーに働きかけていくことも重要であろう。

〈用語解説〉

*1　カルチャー・ショック
　　社会的な関わりに関するすべての慣れ親しんだサインやシンボルを喪失することによって突然生じる不安。

*2　文化的適応

　　個人が満足でき，現地の人々から受け入れられていると知覚すること，強度のストレスがなく日常生活が機能できる状態のことをいう。

*3　葛藤

　　期待していることが妨害されていると関係者が認知する状態。

*4　葛藤解決方略

　　多様な対立する相互作用の状況における一般的傾向，または類型化された反応の型を示すもの。

〈参考文献〉

植村勝彦他編 2007　『よくわかるコミュニティ心理学』ミネルヴァ書房

加賀美常美代 2006　「大学における異文化間コミュニケーション教育と多文化間交流」『日本研究』（6），高麗大学校日本学センター，107-135頁

加賀美常美代 2006　「教育的介入は多文化理解態度にどのように効果があるか──シミュレーション・ゲームと協働的活動の場合」『異文化間教育』（24），76-91頁

加賀美常美代 2007　『多文化社会の葛藤解決と教育価値観』ナカニシヤ出版

加賀美常美代 2010　「第4章　多文化間カウンセリング──コミュニティ心理学の視点から」『言語と社会・教育』（中島平三監修，西原鈴子編）朝倉書店

加賀美常美代・守谷智美・岩井朝乃・朴志仙・沈貞美 2008　「韓国における小・中・高・大学生の日本イメージの形成過程──9分割統合絵画法による分析から」『異文化間教育』（28），60-73頁

加賀美常美代・守谷智美・楊孟勲・堀切友紀子 2009　「台湾の小学生・中学生・高校生・大学生の日本イメージ形成──9分割統合絵画法による分析」『台湾日本語文学報』（26），258-308頁

横田雅弘・白土悟 2004　『留学生アドバイジング』ナカニシヤ出版

〈発展学習〉

加賀美常美代 2007　『多文化社会の葛藤解決と教育価値観』ナカニシヤ出版

　異文化間の教育場面で生じる日本人教師と留学生との葛藤の原因と解決行動のメカニズムを探り，日本人日本語教師と留学生の葛藤の原因帰属と解決方略との関連，解決方略と教育価値観との関連について，実証的に検討している。

横田雅弘・白土悟 2004　『留学生アドバイジング』ナカニシヤ出版

第Ⅲ部　グローバル化と私たち

　日本の大学の留学生受け入れの現状を把握し，留学生政策・留学交流の推進役となる留学生担当者が担う留学生アドバイジングの理論と実践を具体的に解説している。

毛受敏洋・鈴木江里子 2007　『「多文化パワー」社会——多文化共生を超えて』明石書店
　在住外国人が自らの能力を存分に発揮し，日本社会へ活力をもたらす可能性を検証している。各地域で行われている取り組みの成功例を紹介し，日本人と外国人が共に社会を活性化するための課題と道筋を導き出している。

第10章
グローバル時代に求められる外国語教育とは

森山 新

1 はじめに

21世紀はグローバル時代といわれる。前世紀までは国際化という用語が用いられることが多かったが，グローバル化が国際化と違うのは，国家の枠組みが弱くなり，国の枠を超えて人や物が日常的に行き来するようになったということである。そのため私たちはたとえ日本国内にいても，日常的に外国の人びとに触れ，生活を共にする時代に暮らしている。

このようにグローバル時代を迎え，国内外で外国の人びとと接する機会が増えると，私たちはだれしも外国語を学ぶ必要性を感じるようになる。英語，もしくは接する外国人の言語を可能ならば自分も話したいと思う。バイリンガルにあこがれる人も少なくない。そのような時代のニーズから，英語の早期教育が叫ばれるようにもなった。しかしその一方で，早期教育は母語の健全な習得を阻害すると反対する人もいる。

グローバル時代に生きる私たちにとって外国語教育が必要なことに異論を唱える人はまずいないだろう。問題は「外国語教育をどのように行うのが望ましいか」という点である。そのため本章ではグローバル時代に求められる新たな外国語教育のあり方を模索してみたい。

2　グローバル時代と日本

グローバル化に伴う社会問題
以下は朝日新聞の記事である。

　千葉大大学院の村本研三さん（24）が同大留学生の崔馨月さん（21）らの協力を得て昨秋から千葉幸町団地（千葉市）で行った意識調査では，別の側面も窺える。
　147の日本人世帯，15の中国人世帯から回答を得た結果，日本人の約6割は外国人のごみの出し方や騒音に不満を抱き，約7割があいさつ程度のつきあいを望んでいた。
　これに対し，中国人世帯の5割近くは，あいさつだけでなく対話などの近所づきあいを求めていた。

（『朝日新聞』2010年1月4日）

　要は，中国人は近所づきあいで対話を求める傾向が強いのに比べ，日本人はあいさつ程度でよいと考える傾向があるということだ。ここには同質性を求め，異質なものには積極的に交わろうとしない日本人の性向が表れているとはいえないだろうか。
　同じ頃，横綱朝青龍が泥酔し暴行事件を起こし，引退に追い込まれた。しかしこうした「朝青龍バッシング」はその事件に始まったものではなかった。2010年1月29日，石原東京都知事は，ガッツポーズなど，派手な動作をする朝青龍を「あんなもんは横綱じゃないよ，僕にいわせれば。日本の相撲の横綱じゃない。」と声を荒げた。石原都知事の発言には確かに日本の伝統文化を愛し守ろうという気もちが感じられるものの，その一方で「郷に入っては郷に従え」といわんばかりに，日本人が共有している習慣や価値観を受け入れることを強要しているといえないだろうか。
　これに対し元横綱の外国人力士曙のコメントはかなり違っていた。

　あれこれと問題を起こした朝青龍だけど，僕が横綱に昇進したときと同じような状況ではなかったかと思う。僕が外国人力士として初の横綱に昇進したのは1993年初場所の

後だった。92年に北勝海が引退して誰も横綱がいなかった。先輩がいない中で64人目の横綱になった。いざ横綱になった後、どうしたらいいのか、誰を見習ったらいいのか、本当にわからなかった。昇進したとたん、その品格、力量を問われ、心技体の充実が当たり前の存在である横綱。周囲からは、こうあるべきだ、ああするべきだ、いろんな人が言ってくる。どうしたらいいのか。一人ひとり、言ってくることが違う。必死に周囲の期待に応えようと思うのだけど、頭の中が混乱してしまって、どうしたらいいのか、本当にわからなくなってしまった。24時間、どこにいても横綱は横綱。そうはわかっていても、何でここまで言われなければいけないのか、わからなくなった時期もあった。

(『朝日新聞』2010年2月5日)

　曙のコメントには、相撲に受け継がれた日本の精神文化を外国人としてまるごと受容することの難しさや苦悩といったものがにじみ出ている。日本人であれば1つ1つ細かく教わらなくてもわかるものも、外国人力士はそうではない。また日本人なら「よき伝統」として容易に受け入れることができても、外国人力士にとっては受け入れに葛藤を感じることもあるだろう。外国人にとってみれば、そのようにしなければならない意義を1つ1つ身をもって感じなければそれを行動として行うことはできないのである。

グローバル時代と日本と和の文化

　少し前に「KY（空気読めない）」という言葉がはやったことがある。「あうんの呼吸」「以心伝心」という言葉もある。これらの言葉に象徴されるように、日本では明確ないい回しが避けられ、曖昧ないい回しが好まれる傾向がある。しかし、それでもコミュニケーションが成立してしまうのは、1つにはこれまで日本が他国に比べ、比較的均一な言語的、文化的環境に置かれ、思考や価値観においてかなりの同質性を保ちえたからであろう。

　さらには「Noといえない日本人」という言葉がはやったこともある。「出る杭は打たれる」ということわざもある。日本人は本音と建前を使い分けるともいわれる。会議に際しては事前の根回しが重要で、当の会議の場ではあまり議論が戦わせられないということも多い。これらは対立を極力回避し、たとえ表面的にでも「和（調和）」を求めようとする日本人の性向の表れといえないであ

ろうか。

しかし一歩日本を離れてみると、日本ほど言語や文化、考え方に同質性が存在する国も少ないのではないだろうか。そして日本では立派に通用するこれらコミュニケーションの常識も、日本以外、日本人以外には通用しない可能性がある。

尻込みする日本人

最近、日本といえば、アニメ・マンガ、ゲーム、コスプレなどのサブカルチャーのグローバル化が進んでいる。しかし同時に日本のサブカルチャーにはオタク文化に象徴されるような閉鎖性も指摘され、さらには自殺大国、ひきこもり・うつが多いといったイメージももたれている。お隣の国、韓国では「オタク」の翻訳語が「廃人(ペイン)」となっていることはその端的な例であろう。

こうした日本の負の側面を反映するかのように、最近日本人のアメリカ留学が減少に転じている。以下は朝日新聞からの抜粋である。

> 留学といえばアメリカが通り相場だったのは今は昔。日本からの米国留学生は1997年の４万７千人をピークに減り続け、2007年は３万４千人にまで落ち込んでいる。国際化で学生が様々な国に興味を示すようになったことが大きいが、「活気あふれる国」という米国のイメージに尻込みし、「マイペースで過ごせる国がいい」と口にする草食系の学生も増えているという。(中略)
> こうした傾向への心配は、公的機関も表明している。政府の教育再生懇談会は５月末の第４次報告で「若者が『内向き志向』になり、外の世界に積極的に飛び出して行かなくなっているのではないか」と指摘。08年度の科学技術白書も、日本人学生の海外留学について「内向き志向が見られ、近年は伸び悩んでいる」と分析している。
>
> (『朝日新聞』2009年12月20日)

このようにアメリカ合衆国への留学が日本の場合、減少傾向にあるのは、中国、インド、韓国といったアジア諸国が急速に増加傾向にあるのとは全く対照的である（図10-1参照）。ここには最近の日本人の「内向き志向」が見てとれる。こうした現象はグローバル化における日本の、「技術・サービス面でのガラパゴ

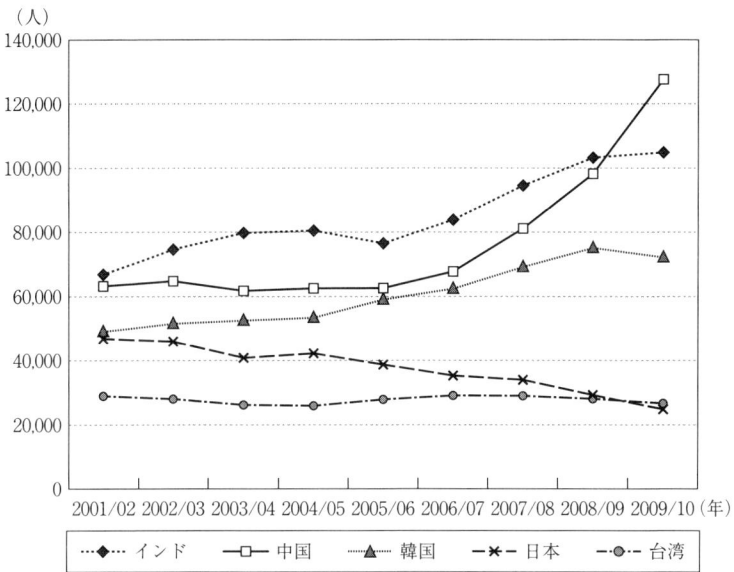

図10-1 米国におけるアジア留学生数の推移

(グラフ：インド、中国、韓国、日本、台湾の2001/02～2009/10年の推移)

出典：Institute of International Education "Open Doors" (http://www.iie.org/en/Research-and-Publications/Open-Doors)

ス化」に続き，「人材面のガラパゴス化」(『産経新聞』2010年7月28日) とも呼ばれ危惧されている。ガラパゴスとは，南アメリカの島で，外の世界と断絶されていたため，生物が独自の進化を遂げていることをチャールズ・ロバート・ダーウィン (Charles Robert Darwin) が発見して有名になった場所である。すなわち「技術・サービス面でのガラパゴス化」とは，日本国内で独自の進化を遂げ，海外では採用・利用されない技術やサービスのことであり，「人材面のガラパゴス化」とは，海外に行こうとしない日本人の内向き志向を指している。

3　グローバル時代に求められる外国語教育

グローバル時代の今日，世界は多言語・多文化へと向かっている。日本もその例外でないことは，かつては日本語のみのことが多かった駅や繁華街の看板

が，今世紀に入って英語はもちろん，韓国語や中国語が加わり，それが当り前になったことを見てもわかる。

しかしこうした多言語・多文化の共生に，上で述べてきた日本人の「同質性志向」や「内向き志向」が相容れないことは明らかである。私たちは多言語・多文化共生へと向かうグローバル時代に，日本人が「ガラパゴス化」することのないように，適切な教育政策を施していく必要がある。その責任の一翼を担うのが外国語教育であろう。しかし今の外国語教育がこのような重責を果たせるとは思われない。したがって本節では，グローバル時代に求められる外国語教育とはどのようなものであるか，考察してみることにしたい。

外国語教授法の変遷

外国語教授法は時代のニーズとともに変化してきた。20世紀前半までは，外国との接点は主に書物を通してであった。そのためこの時代の外国語教授法は文法と語彙を覚え，文章を読み理解していくといった「文字言語の理解」中心の「文法訳読法」であった。

20世紀中盤になると電話やテープレコーダー，ラジオ，テレビが普及し，次第に文字言語から音声言語が重要になっていく。それに伴い教授法も耳と口を用いて，音声言語を理解し，産出することを重視する「オーディオリンガル法」へと移行していった。

20世紀後半になると，世界は国際化へと進む。人的交流が徐々にさかんになると，外国との接点は音声からさらに人と人との交流へと移行し，外国に対する理解は，言語の枠を越え，文化的要因も重要性を増していく。その結果，この時代には言語能力とともに，言外の意味や非言語行動の理解も含めたコミュニケーション能力の育成を重視した「コミュニカティヴ・アプローチ」へと移行していく。

20世紀末になると国際化はさらにグローバル化へ進む。人的交流は旅行などを通した一時的なものではなく，言語と文化を異にする人びとが生活を共にするといったものとなり，言語とともに文化を理解する能力もよりいっそう重要なものになっていく。国際化時代に求められる文化は言外の意味や非言語行動

の理解といった他者とのコミュニケーションに介在する文化にとどまらず，生活全般にまつわる文化の理解へと拡大する。さらに相手の文化をステレオタイプで見ることなく，正しく文化を読み解く異文化理解能力も求められていく。

グローバル時代に求められる外国語教育

ではこのようなグローバル時代に求められる外国語教育とはどのようなものであろうか。本章で提案したいのは以下の3つである。

(1) 総合的教育 holistic education：ここでいう総合的な言語教育とは，言語にとどまらず，文化をも同時に教えようという試みである。

(2) 多文化教育 multicultural education：これは，多文化共生社会に求められる，文化（他文化，自文化）を読み解く能力である「文化リテラシー*1 cultural literacy」を育てる教育である。

(3) 多言語教育 multilingual education：これは，多言語同時使用 multilingualism の環境を作り出し，それにより多言語使用に対する動機づけを高め，多言語習得を促進しようとするものである。

(1) **総合的教育**　佐々木 (2002, 2004) によれば，日本語教育で扱われる文化は，「所産・知識としての文化」，「他者との相互作用に介在する文化」，「個としての文化」であるという（図 10-2 参照）。

「所産・知識としての文化」は，「祭り」，「歌舞伎」など，日本の文化を所産，または知識として紹介するもので，伝統文化だけでなく，日常文化，大衆文化，精神文化，専門性の高い文化などが含まれる。かつての日本事情の授業ではこのような文化が主に扱われた。ところが人的交流がさかんになり，コミュニケーション能力の育成が重要になってくると，「他者との相互作用に介在する文化」がより重要さを増していく。これはコミュニケーションを行う際に認識されるべき文化で，行動様式や認識，価値観などに表れた文化である。さらにグローバル化を迎え，多文化が共生する社会では，個々人が自身の母文化のみならず，様々な文化の影響を受け，もはや文化を国や民族の単位で語ることができなくなり，文化を「個」としてとらえる必要が増していく。「個としての文化」がそれである。そうなると，もはや「所産・知識としての文化」をもって，

図10-2　日本語教育で重視される「文化」概念

- 所産・知識としての文化
  - 専門知識重視
  - 一般教養重視
  - 伝統文化重視
  - 大衆文化重視
- 精神文化重視
- 日常生活重視
- 個としての文化
- 他者との相互作用に介在する文化
  ・社会言語能力
  ・社会文化能力

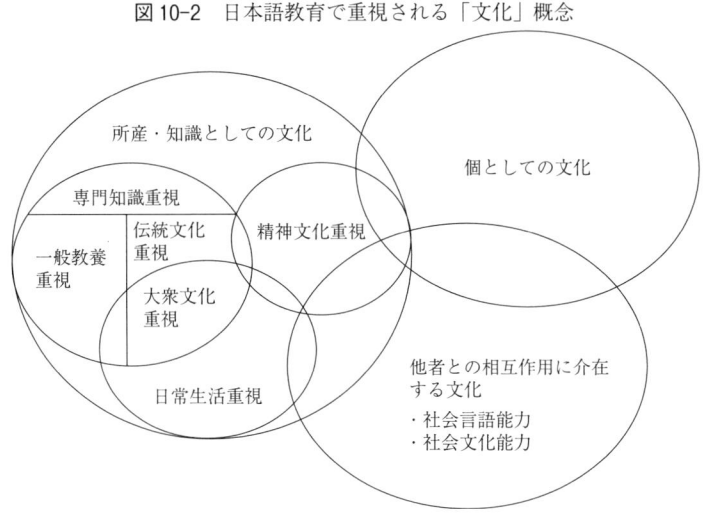

　個々人のもつ文化を見つめることは，逆にステレオタイプを助長する危険性があり，より柔軟で多様な見方が求められていく。そしてステレオタイプにとらわれることなく，柔軟に個に接し，そこから正しくその文化をとらえ，価値を認めることができる能力，すなわち「文化リテラシー」が必要となる。グローバル時代に求められる外国語教育では，言語教育はもちろんのこと，異文化理解や文化リテラシーの育成までもが求められているのである。

　ではこうした文化は，どのようにすれば外国語教育で扱うことができるであろうか。「所産・知識としての文化」は知識を与えることによって可能であるかもしれないが，「他者との相互作用に介在する文化」や「個としての文化」は実際に個々の人と人とがふれあい，コミュニケーションをすることでしか学ぶことができない。いいかえれば人と人とがふれあえる環境を造成しなければ，「他者との相互作用に介在する文化」や「個としての文化」を教育することはできない。これが「交流」が重要である1つの理由である。しかも多文化共生が日常化した社会の市民を育てるには，少なくとも自文化中心主義 ethnocentrism に陥ることなく，様々な文化を相対化できる文化相対主義 cultural relativism の立場に立ち，それぞれの価値を認めることを可能とする能力の育成が必要と

なる。そのためには様々な文化に対等な立場でふれあうことを可能にする教育環境が日常的に造成される必要がある。

　実は多文化共生の実現には文化相対主義では十分とはいえない。それぞれの文化を対等に見つめ，相対化するだけでは，彼らには彼らの文化があり，それは認めるが，自分は自分，彼らとは関係もないし，関心もない，つまり無関心で終わることもありうるからである。共生社会の実現には，さらに一歩進んで他者の文化に関心をもち，尊重できるような積極的な姿勢や動機づけが必要なのである。

　言語と文化を同時に教えることは，最近様々なところで主張され始めており，日本語教師になるための「日本語教育能力検定試験[*2]」の出題範囲も大幅に拡張された。しかし言語と文化を同時に教えることは，実際にはそれほど容易なことではない。例えば日本語学習者の中には日本語には関心があり，日本語が上手になることには熱心だが，日本文化にはあまり関心をもたない者も多い。一方，欧米などでは，日本文化に対する関心は高くても，それが日本語学習に結びつかない場合が見受けられる。さらに欧米は日本との距離が遠く，人的接触，交流の機会が少ないことも日本語学習の動機づけが低い理由の1つである。

　このような「言語と文化の壁」を解決してくれるのが「交流」である。李（2009）が「交流」を教授法としてとらえているのも，交流が言語と文化を総合的に教える絶好の場であることに注目したためである。ただし李も述べるように，「交流」は一時的なものであり，その重要性とともに限界をも認識しておく必要がある。「交流」は初めの一歩であるが，初めの一歩でしかないということである。

　そのような可能性と限界を踏まえた上で，交流の重要性について考察してみたい。

　第1に，交わることで文化への知識は体験となる。

　第2に，交わることで他者とのコミュニケーションが生まれ，「他者との相互作用に介在する文化」を学ぶことができる。

　第3に，交わることで個に出会える。総体としての「所産・知識としての文化」だけでなく，「個としての文化」に接し，学ぶことができる。同時にそれは，「文化リテラシー」を育む場ともなる。

第4に，交わることで，自分を紹介しよう，相手を知ろうという気もちが起き，相手への関心が生まれ，動機づけが高まる。この動機づけの高まりが，「文化相対主義」を越えて共生社会を実現するための姿勢と動機づけを与えるきっかけにもなる。また，言語と文化の間に存在する壁を乗り越え，言語に関心のある学生には文化を，文化に関心のある学生には言語を学ばせる原動力ともなる。いいかえれば，言語と文化を同時に学ぶ総合的な外国語教育は，交流の力を借りて，はじめて現実のものとなるのである。

　そもそも言語と文化とは本来一体のものである。子どもの母語習得に際しても母語と母文化とは一体のものとして学ばれる。それを外国語教育では分けて教育を行っているわけであり，多言語・多文化が共存するグローバルな時代にあっては，それを分けて教えなければならない必然性はもはや少なくなってきているといえるのではないだろうか。つまり，本来一体のはずの「言語と文化」を一体のものとして学習者に提供してくれる教育環境を「交流」が与えてくれるのである。

　これまで，言語能力がある程度のレベルに達するまでは文化は切り離されて教えられてきた。また初級で文化を教える際にはその言語を用いずに媒介語（学習者の母語や英語）を用いて教えられるのが普通である。しかし子供は初めから母語と母文化を同時に学ぶ。これと同じように，第2言語習得においても初級から言語と文化を同時に教えることはできないであろうか。これについてはさらなる研究が必要であろうが，カリキュラムの工夫次第で可能であると思われる。つまりそれぞれのレベルで教授可能な文化があるはずで，それをうまく取捨選択し，レベルに応じて配列して教えればよいと思われる。例えば，初級では挨拶に伴うお辞儀や握手などの非言語行動を教え，中級ではサブカルチャーを導入する。専門性の高い文化は上級になって教えるというような具合である。

　さらに(3)で述べるように多言語使用の立場に立ち，使用する言語を限定しなければ，初級から多言語と多文化を同時に扱い，議論したり考察したりすることは十分可能となるであろう。

　(2) **多文化教育**　　グローバル時代の多文化共生社会の実現に必要なのは何

であろうか。これはとくに日本のように，世界の中で比較的単一「的」な文化的環境で生まれ，育った学生たちにとっては重要な課題である。そのような学生にとっては単一「的」な文化的環境からの脱却を余儀なくされる。しかし注意しなければならないのは，このことは自分の文化を捨てたり軽視したりすることではないということである。自分の文化を愛し大切にするように，相手にもそのような文化があることを知り，それを学ぼうということである。以下で紹介する，教育実践としての「国際遠隔教育」は，お互いの文化に関心をもち，「対等な立場」で，しかも日常的に触れ合えるような環境を造成できるという点で重要である。

(3) **多言語教育**　グローバル時代の外国語教育に求められる第3の点は多言語教育である。これは多言語同時使用環境を作り出し，多言語同時使用に慣れようとするものである。その実践例の1つが，以下で紹介するテレビ会議システムを用いた国際遠隔交流授業である。この授業は海外の教室とテレビ会議システムを介し交流授業を展開するもので，海外の学習者は必ずしも日本語でのコミュニケーションが十分できるとは限らず，その場合には英語や相手の国の言葉も使わなければならないため，多言語同時使用環境が造成しやすい。国内の留学生と日本人とが同じ教室で学ぶ，いわゆる「交流型授業」でもこうした多言語同時使用環境は作り出せるのではないかと考えるかもしれないが，そこに参加する留学生の多くは日本語能力にすぐれ，日本語でコミュニケーションすることに不自由がないことが多いため，実際にはなかなか多言語同時使用環境が造成できないのが実情である。

　このテレビ会議システムを用いた国際遠隔交流授業では「相手とのコミュニケーションのために何語を用いてもよい」という前提で授業が行われている。これは日本語や英語など，ある特定の言語を教育することを使命とする外国語教師にとって，やや抵抗のある前提であるかもしれない。しかしグローバル時代に求められる外国語教授法を考える上においてはむしろ重要な前提となると思われる。

グローバル時代に求められる外国語教育の目標

　以上のような総合的で，多言語・多文化を志向する，グローバル時代の新しい外国語教育の目標について考えてみたい。

　第1に，母語または外国語で，コミュニケーション能力，ディスカッション能力，プレゼンテーション能力を育成することである。日本人にとって異なる意見・背景をもつ相手に，自身の意見をはっきりと，わかりやすくいうのは，たとえそれが日本語を用いたものであったとしても，それほど容易なことではない。しかしそれを可能にすることはグローバル時代に生きるグローバルな人材を育てるための重要な一要素となる。まずは母語である日本語で，そのつぎに母語以外の外国語でコミュニケーションやディスカッション，プレゼンテーションを行うことのできる能力を育成するのが第1の目標である。

　第2に，相手の国の文化をその国の学生と語りながら学び，理解することである。とりわけ，他者との相互作用に介在する文化，個としての文化はこのような交流でしか学ぶことはできない。

　第3に，多言語・多文化への挑戦の第1歩とすることである。単一「的」な言語・文化環境に住みなれてきた日本人の学生にとっては，このような多言語・多文化的な「交わり」の日常化が何よりも必要で，遠隔交流を通じ，それを実現し，慣れ親しんでいく。

　第4に，思考様式や行動様式の異なる学生との協働作業を通し，グローバル時代に必要な社会性を身につけることである。これまでにも，日本人の学生が留学生との協働作業を行う中で，日本人同士では味わったことのない様々な葛藤を経験するのをこの目で目撃してきた。しかしそのような葛藤は，共生を実現していく上で必ず経験し克服していかなければならない課題である。

遠隔教育のための教授法の確立

　遠隔教育のための外国語教授法はいまだ十分な研究が進んでいるとはいえない。教室で用いられている外国語教授法をそのまま遠隔教育でも用いることはできないことから，遠隔教授法の研究開発は急務である。

　テレビ会議システムなどを用いた遠隔教育は各自が自国にいながらにして海

外の学生との協働学習を可能とする。もちろんそれは実際の交流に比べ直接に接することができないなど、限界も存在することは事実である。その点では日本で日本人と海外の学生とが同じ教室で学ぶほうがよい。けれども直接接触の場合、海外の学生がマイノリティの立場に置かれ、意識的、無意識的に自身の意見をマジョリティである日本人の学生に合わせてしまうということも少なくない。しかし遠隔教育では、互いが自国にいながら交流ができ、一方がマジョリティ（ホーム）、他方がマイノリティ（アウェイ）という不平等な立場に置かれることなく、対等な立場（ホーム＆ホーム）での対話が可能になるというメリットが存在する。また遠隔は国境を越えた交流の機会を日常的に提供してくれる。学生たちに英語を使用してもらいたければアメリカ、中国語を使用してもらいたければ中国というように、交流の相手を選ぶことで、複数の言語を使用する環境を造成することもできる。教授法を開発するにあたっては、このような遠隔教育の利点を積極的に生かし、欠点をカバーしうる教授法を考案する必要がある。

4　新たな外国語教育の実践

　多言語・多文化が共生するグローバル時代に求められる、新しい外国語教育の姿を模索するために、お茶の水女子大学での実践を紹介する。これらのプロジェクトがめざすものは3節「グローバル時代に求められる外国語教育」の項で挙げた3つである。
　第1に、言語と文化を同時に学ぶ、総合的な言語教育のあり方を模索する。
　第2に、文化リテラシーを育み、多文化共生社会を実現するための多文化教育をめざす。まず、自分の国・文化を様々な角度から見つめ、文化リテラシーを育成するとともに、互いの文化の間にある様々な問題（ステレオタイプ、偏見、誤解）をディスカッションにより克服し、相互理解をめざす。
　第3に、多言語同時使用環境を作り、それに慣れ、新しい形の多言語教育を模索する。
　数年前より「言語と文化」「グローバル化と日本語教育」の授業で、釜山外大、

第Ⅲ部　グローバル化と私たち

写真 10-1　ヴァッサー大学とのテレビ会議授業

写真 10-2　学生が作成した教材

　ヴァッサー大をパートナーとして，写真10-1のようにテレビ会議システムによる国際ジョイント授業を行ってきたが，2009年9月からはそれをさらに拡大し，世界の8大学が合同で，テレビ会議システムなどを用いて，「多言語・多文化サイバーコンソーシアム」を立ち上げ，遠隔交流授業を開始した。海外参加大学は2010年現在，釜山外国語大学校（韓国），ヴァッサー大学（米国），ボン大学（ドイツ），チェンマイ大学（タイ），ワルシャワ大学（ポーランド），カレル大学（チェコ），大連理工大学（中国）である。

　学期の最後には国際遠隔合同授業で発表に用いた写真10-2のようなパワーポイントを作品として仕上げ，オンデマンドで世界に発信する。作成され，世界に発信されたパワーポイントは，「ノート」の部分にナレーションのテキストが付いているだけでなく，ナレーション録音機能を用いて学生たちがナレーションを録音するため，日本語や日本文化を同時に学べる読解，聴解教材として，海外の学生が使用できるようになっている。同様に海外の学生が作成した作品はその国の文化を知る教材になる。学生が作った作品は，授業で共に学んだ学生自らが作ったものであり，その点で学習意欲を高めるとともに，希望すれば直接その学生に連絡をとることも可能であり，メール等でさらに議論を進めていくこともでき，交流の可能性も秘めている。このプロジェクトは2009年9月に開始して以来，予想外の盛り上がりを見せている。

　海外の7大学の学生は日本語を学ぶ学生であるため，使用言語は当初日本語

が中心となっていたが，最近では英語や中国語を用いる環境も徐々に整備している。例えば日本側の発表は，ボン大学との交流では英語で行われ，大連理工大学との交流では一部中国語で行われている。

5　おわりに

　本章では多言語・多文化が共生するグローバル時代に求められる，新しい外国語教育の在り方を考え，かつその実践事例を紹介してきた。知識としての言語，文化の学びではなく，交流を通じての学びであり，共生のための言語，文化の学びである。多言語・多文化環境を造成する中で，そこで求められるスキル（文化リテラシー，コミュニケーション能力，ディスカッション能力，プレゼンテーション能力，多言語同時使用能力，共生のための社会性など）を総合的に学ぶ場である。

　本章で紹介した教育実践は，これまでの英語教育や日本語教育とはかけ離れているかもしれない。しかしグローバル時代に求められる人間育成のためには，このような外国語教育の抜本的な見直しがあってもよいのではないだろうか。

〈用語解説〉

＊1　文化リテラシー　cultural literacy
　　文化を従来のように知識的なものと考えるのではなく，能力としてとらえたもので，ある文化を捉え，受け止め，対応する能力のことを，「文化リテラシー」と呼ぶ。詳しくは，『21世紀の「日本事情」——日本語教育から文化リテラシーへ』第1号〜第5号（くろしお出版）を参照されたい。

＊2　日本語教育能力検定試験　Japanese Language Teaching Competency Test
　　財団法人日本国際教育支援協会が主催し，社団法人日本語教育学会が認定している試験で，日本語を母語としない人を対象とした日本語教育の専門家として基礎的水準に達しているかを検定する試験である。毎年10月に試験が行われている。

〈参考文献〉

李徳奉 2009　「「交流法」による多文化理解教育の効果と限界」『平成20年度大学院教育

改革支援プログラム「日本文化研究の国際的伝達スキルの育成」平成20年度活動報告書（学内教育事業編）』お茶の水女子大学

佐々木倫子 2002 「日本語教育と「文化」概念」『21世紀の「日本事情」——日本語教育から文化リテラシーへ』（4），東京：くろしお出版

佐々木倫子 2004 「日本語教員と文化リテラシー」『第5回国際日本学シンポジウム報告書』お茶の水女子大学

〈関連サイト〉

「多言語・多文化サイバーコンソーシアム」（http://globalnetwork2009.blogspot.com/）

〈発展学習〉

森山新 2009 「教授法研究の活性化のために——認知言語学からの提言」『月刊日本語』2009年9月号，66-69頁

　　現代に求められる外国語教授法とはどのようなものかについて紹介している。

森山新・白田千晶・鄭起永・諏訪昭宏・土屋浩美・松原優子・奥村三菜子・佐野香織 2010「グローバル時代に求められる総合的日本語教育——多文化・多言語サイバーコンソーシアムの成果と可能性」『2010世界日語教育大会予稿集』1053.0-1053.29頁（http://jsl.li.ocha.ac.jp/morishin1003/moriyama%20et%20al.pdf からダウンロード可能）

　　本章で紹介した多言語・多文化サイバーコンソーシアムの実践報告。

終 章
グローバル化は私たちに何を問うているのか

熊谷　圭知

本書がめざしたもの

　『グローバル文化学——文化を越えた協働』と題した本書には，2つの特徴がある。第1に，著者たちが多様な専門分野に属し，国際関係や開発研究，国際協力に加えて，地域研究，歴史学，心理学，外国語教育など，これまであまりグローバル化をめぐる議論の主役とはなってこなかった研究者が加わっていること，第2に，それらの著者たちが研究者としてだけでなく，大学教育の実践者としての立場を強く意識していることである。

　グローバル化に対しては，さまざまな見方がある。グローバル化が人間の自由と可能性を増大させるという見解の一方で，それが強者と弱者の格差を拡大し，さまざまな不公正をもたらすという議論が存在する。

　本書の立場は，グローバル化の単純な肯定でもなければ，否定でもない。本書が第1にめざしたのは，グローバル化という進行しつつある現実の中で，日本に生きる私たちがそれにどのように向き合い，どんな態度を取ればよいのかを考えることである。そのため本書では，グローバル化を欧米中心的な理論や海外で生起する出来事としてのみ扱うのではなく，私たちの日常の思考や実践に関わる具体的な課題として提示しようとした。

　本書のもう一つの目的は，グローバル化の中で，文化の壁を越えた理解とそれに基づく協働の契機を作り出すことである。そのためには，グローバル化の中で，私たちの思考や行動を制約しがちな固定観念や二分法の図式をいかに乗り越えるかが大きな課題になってくる。

二項対立を乗り越える

　各章の議論を受けて，これまで本書が提示してきた二項対立的な課題を整理してみよう。それは，以下の7点に集約される。第1に西洋世界と非西洋世界，第2に近代化と伝統，第3にグローバル化と国家，第4に国際経済と途上国の生産者・労働者，第5にナショナルな帰属とローカルな実践，第6にグローバル化とメディアの関係，第7にグローバル化と多文化間交流および日本語・外国語教育の課題である。

　第1の西洋世界と非西洋世界の対立については，「あなたはどこから来たのですか」（第2章）の中で石塚が，植民地主義に遡る文化／自然という非対称な二分法が根源にあることを指摘する。そしてそれを乗り越える道として，カリブ海地域のクレオール文化がもつ異種混淆性と，その居心地の悪さを引き受けることを提起している。「イスラーム世界は何を語りかけるか」（第6章）の中で三浦は，西洋世界との対立を深めるかに見えるイスラーム世界への理解の回路を示している。日本のイスラーム理解の歴史と現在を検討しつつ提起されるのは，差異と同時に共通性にも注目する地域研究・理解のあり方である。

　第2の課題については，「子どもが学校に行くとはどういうことなのか」（第4章）の中で内海が，アフリカのマサイ社会における伝統的な生活様式と西欧的な教育制度の対立を描いている。生徒のドロップアウトが多い現状は，両者の相容れなさと映る。しかし実はマサイ社会の中にも教育への期待が渦巻いており，変容する伝統社会のニーズを柔軟に取りこむシステムが必要とされる。

　第3の課題については，一般にはグローバル化とは国家の力を弱めると理解されている。しかし両者の関係は単純ではない。小林は「国境はどのように作られ，どのように越えられるのだろうか」（第1章）の中で，近代国家が，閉ざしつつ開くという両義的な国家管理を行ってきたこと，グローバル化の中で逆に国家が敷居を高める傾向を指摘する。そしてコスモポリタニズムとナショナルな規範とのせめぎ合いをどう乗り越えるかを課題として示している。

　第4の課題については，足立は「グローバル経済は何をもたらすのか」（第3章）の中で，グローバル化する経済がもたらす光と影を論じている。グローバル化は，新たな賃金雇用の機会を女性に与えるが，そこにはさまざまな問題が

終章　グローバル化は私たちに何を問うているのか

含まれる。ケア労働者の国際移動，上海の日系企業の縫製工場で働く女性労働者などの現場から，足立が投げかけるのは，より人間的な経済のあり方とはどのようなものかという問いである。「コーヒーからみえてくるグローバル化とは」（第5章）の中では荒木が，長年のフィールドであるタンザニアを事例に，コーヒーという私たちに身近なひとつの生産物／商品を通じた，私たちのグローバル化への向き合い方を語っている。それは，グローバルな貿易の中で不均等な配分をもたらす構造と，村人たちの主体的な実践の双方を視野に入れる必要性である。両者の議論はともに，私たちがグローバルな生産システムの向こう側にいる人びとへの思いを馳せることの大切さを語っている。

第5の課題については，「グローバル化の中で日本の空間はどう変わるか」（第7章）の中で熊谷が，グローバル化の中で日本のナショナルな空間が侵されるという私たちの感覚を問い直そうとする。必要なのは，ローカルな空間での異なる出自をもつ人びととの間の相互作用が，多数派による抑圧と少数派の同化に収斂しないような，開かれた場所構築の論理である。

第6の課題については，インターネットなど情報通信技術の進歩が分権化・民主化を進めるのか，逆に利用可能性をめぐる格差を拡大するのかという問いがある。「グローバル化時代に私たちはメディアとどうかかわるのか」（第8章）の中で川崎は，情報過剰の中で逆に不安が増大する傾向を指摘し，多文化社会での寛容性を保証するような新しい公共性を作り出すことを提唱している。

最後の課題は，外国人と日本人，留学生と日本人学生という二項対立を乗り越えようとする教育実践の試みでもある。「留学生交流は何をもたらすのか」（第9章）の中で，留学生教育に関わってきた経験から加賀美が語るのは，留学生と日本人学生との協働の機会を増やし，人と人との関わりを通して両者間のステレオタイプを積極的に崩していく必要である。「グローバル時代に求められる外国語教育とは」（第10章）の中で森山が提起するのは，双方向の交流の中で協働・討論する経験を通して，差異と相同性を相互に見出し受容していこうとする教育実践である。こうしたグローバル文化学環での教育と交流の実践は，在日外国人の子供たちへの日本語教育のあり方にも示唆を与えている。

文化を越えた他者との協働をめざして

　本書の論考からあらためて浮かび上がってくるのは，グローバル化とは壮大な「問い」にほかならないということだ。その問いを考え続け，さまざまな実践を企てることは，現代を生きる私たちに共通に与えられた課題である。

　グローバル化が私たちに「不安」をもたらすのは，それが私たちが寄る辺としていたさまざまな枠組みを揺るがし，自明としてきた境界を越え，私たちが何者であるかを常に問い直させるからである。そのような状況の中で，私たちはしばしば，慣れ親しんだものにしがみつき，失ったものを取り戻し，自己と他者の境界を確認することで，自らのアイデンティティを構築しようとする。それは，他者に対して自己を「閉じる」ことを意味する。たとえば，嫌中や嫌韓を通じて，失われつつある「日本」を復元し，「日本人」であることを確認するように。しかし，日本の韓流ブームや韓国・中国でのSMAPの人気にみるように，ポピュラー・カルチャーは，すでに国境や文化を越えて相互浸透し，共振しあっている。国家や国民は文化を専有しえない。と同時にそれらは，ナショナルな枠組みを越えてまったく同質化し，一つのものになってしまうわけでもない。文化の間の相互浸透や相同性を認めることは，けっして自己のアイデンティティの希薄化につながるものではないということだ。

　文化を越えた他者との出会いはもちろん予定調和的なものではない。差異の深さに立ちすくんだり，葛藤に苦しんだり，衝突が生まれたりもする。しかしグローバル化の中で生きる私たちに求められるのは，他者との相互作用と混淆の機会を新たなつながりと自己豊饒化の契機として受け止めるような志向性である。その原動力となるのは，他所と他者への想像力と共感（共歓）の力だろう。著者たちの願いは，本書がグローバル化時代の想像力や共歓力の回路を作り出すための素材として活用されることである。

　グローバル化という課題は，学問分野を超えた越境，そして教員と学生という二分法をも超えた越境を促す。教育という実践は，学生という他者との協働作業でもある。著者たち自身が常に越境者であり，それに悩みつつも楽しむ心性を共有していたことが，少しでも本書の魅力となっていれば幸いである。

執筆者紹介（執筆順，＊は編者）

＊小林　　誠（こばやし　まこと）	お茶の水女子大学文教育学部グローバル文化学環教授	序章・第1章
石塚　道子（いしづか　みちこ）	お茶の水女子大学文教育学部グローバル文化学環教授	第2章
足立　眞理子（あだち　まりこ）	お茶の水女子大学文教育学部グローバル文化学環教授 お茶の水女子大学ジェンダー研究センター長	第3章
内海　成治（うつみ　せいじ）	大阪大学名誉教授 （前お茶の水女子大学グローバル協力センター長）	第4章
荒木　美奈子（あらき　みなこ）	お茶の水女子大学文教育学部グローバル文化学環准教授	第5章
＊三浦　　徹（みうら　とおる）	お茶の水女子大学文教育学部グローバル文化学環教授	まえがき・第6章
＊熊谷　圭知（くまがい　けいち）	お茶の水女子大学文教育学部グローバル文化学環教授	第7章・終章
川崎　賢一（かわさき　けんいち）	駒澤大学グローバル・メディア・スタディーズ学部 グローバル・メディア学科教授	第8章
加賀美　常美代（かがみ　とみよ）	お茶の水女子大学文教育学部グローバル文化学環教授	第9章
森山　　新（もりやま　しん）	お茶の水女子大学文教育学部グローバル文化学環教授	第10章

Horitsu Bunka Sha

2011年4月15日　初版第1刷発行

グローバル文化学
―文化を越えた協働―

編者　小林　誠
　　　熊谷　圭知
　　　三浦　徹

発行者　田靡純子

発行所　株式会社 法律文化社
〒603-8053　京都市北区上賀茂岩ヶ垣内町71
電話 075 (791) 7131　FAX 075 (721) 8400
URL:http://www.hou-bun.com

©2011 M. Kobayashi, K. Kumagai, T. Miura
Printed in Japan
印刷：中村印刷㈱／製本：㈱藤沢製本
装幀　仁井谷伴子
ISBN978-4-589-03339-0

小尾美千代・中野博文・久木尚志編	国際関係学の第一歩	A5判・254頁・2940円	北九州市立大学国際関係学科の初年次教育の経験をもとに国際関係への興味関心を喚起し、一歩進んだ専門分野の学習の道案内を行う。第Ⅰ部で国際関係の枠組を明らかにしたうえで、第Ⅱ部で地域の歴史や特性から考察を深める。
初瀬龍平著	国際関係論 ―日常性で考える―	A5判・292頁・2940円	国際関係にかかわる「安全」・「人権」・「平和」・「多文化」を国家からでなく人々の日常から考察する。著者の国際関係研究の軌跡をまとめた本書は、もう一つの国際関係像を提示する。
初瀬龍平・野田岳人編	日本で学ぶ国際関係論	A5判・196頁・2625円	「日本で学ぶ」という視点で国際関係を考えるユニークな教養テキスト。政治学の基本からグローバル化時代の今後の国際関係論まで、わかりやすく記述。ルビも付いている本書は、外国人学生にも親切。
デヴィッド・ヘルド編／中谷義和監訳	グローバル化とは何か ―文化・経済・政治―	A5判・218頁・2520円	グローバル化を社会科学として概念化した最良の入門書。グローバル化のインパクトが、何をどう変えてきたのかについて、様々な現象の実証的分析と諸理論の批判的検討を行い、グローバル化の理論的提起を試みる。
ダニエル・アーキブージ著／中谷義和ほか訳	グローバル化時代の市民像 ―コスモポリタン民主政へ向けて―	A5判・340頁・3780円	紛争や不平等など人類が抱えている現代的課題の克服のために「コスモポリタン民主政」を原理論・制度論だけにおわらず、具体的な争点と結びつける。さらに、民主政のアクターとなる市民像もふくめ提示する。
岡本三夫・横山正樹編	新・平和学の現在	A5判・290頁・2730円	平和学の起源・構想・対象など、その全体像を鳥瞰し、今日の理論と方法論の到達点を概説。21世紀初頭の世界の激動とグローバル化の深化をふまえ全体的に補訂した最新版。真の平和を探究するための必読書。

———法律文化社———

表示価格は定価(税込価格)です